Friedrich Wilhelm Marpurg

Die Kunst das Klavier zu spielen

von dem Verfasser des Kritischen Musikus an der Spree

Friedrich Wilhelm Marpurg

Die Kunst das Klavier zu spielen
von dem Verfasser des Kritischen Musikus an der Spree

ISBN/EAN: 9783743630819

Hergestellt in Europa, USA, Kanada, Australien, Japan

Cover: Foto ©Thomas Meinert / pixelio.de

Weitere Bücher finden Sie auf **www.hansebooks.com**

Die

Kunst

das Clavier zu spielen,

von dem Verfasser

des kritischen Musikus an der Spree.

Vierte, verbesserte und vermehrte Auflage.

Berlin, 1762.

bey Haude und Spener,
königl. und der Academie der Wissenschaften privilegirten Buchhändlern.

Vorbericht.

Der gute Abgang dieses Werkchens, welches, seiner zahlreichen Abdrücke ungeachtet, innerhalb zwölf Jahren nicht allein dreymahl gänzlich vergriffen, sondern annoch, wiewohl auf eine unerlaubte Art, und sehr fehlerhaft in einer gewissen Reichsstadt nachgedruckt worden, zeiget, daß die Existenz desselben dem Publico nicht gleichgültig seyn müsse. Ich bin bey dieser Gütigkeit so wenig unempfindlich, daß ich mich vielmehr auf alle Weise bemühet habe, mich derselben bey dieser dritten rechtmäßigen Ausgabe, die ich nur für die meinige erkennen werde, durch allerhand Zusätze und Veränderungen, annoch würdiger zu machen. Da dieses Werkchen, wie es der Augenschein giebt, nur bloß den Anfängern des Claviers gewidmet ist: so kann man, wenn man die darinnen abgehandelten Grundsätze dieses Instruments in seiner Gewalt hat, alsdenn meine grössere Anleitung zum Clavierspielen nach der schönern Ausübung der heutigen Zeit ꝛc., die in eben diesem Verlage herausgekommen ist, zur Hand nehmen. Ich wünsche allen Liebhabern der Kunst Glück zu ihren Bemühungen, und empfehle die meinigen dem fernern geneigten Wohlwollen des Publici.

Inhalt.

Inhalt.

Vorbereitung Seite 1
§. 1. In welchem Jahre man mit dem Clavierspielen den Anfang machen soll 1
§. 2. Die Eigenschaften eines Lernenden ibid.
§. 3. Die Eigenschaften eines Lehrenden 3
§. 4. Die Aufführung gegen einen guten Lehrmeister ibid.
§. 5. Von der Beschaffenheit des Claviers für Anfänger 3
§. 6. Das Clavier muß allezeit gut gestimmet seyn ibid.
§. 7. 8. 9. 10. 11. Wie man vor dem Clavier sitzen, und die Hände und Finger halten und bewegen muß 3 4 5
§. 12. Erinnerung wegen der Uebung im Triller- und Mordentenschlagen 5
§. 13. Erinnerung zur Vermeidung der Grimassen 6
§. 14. Wegen der Ueberstudirung der Lection in Abwesenheit des Meisters ibid.
§. 15. Wann es Zeit ist einen Anfänger vom Blatte studiren zu lassen ibid.
§. 16. Man soll die Lection eines Anfängers mit den Fingern beziffern. ibid.
§. 17. Wie man einen Scholaren zum Notenlesen anführen muß ibid.
§. 18. Von der Wahl der Stücke für angehende Scholaren ibid.
§. 19. Das geschwinde Spielen wird den Anfängern widerrathen 8
§. 20. Alle Finger, keiner ausgeschlossen, müssen gebrauche werden ibid.
§. 21. Ordentliche Clavierstücke sind allen übrigen Stücken vorzuziehen ibid.
§. 22. Man muß keine Lection verlassen, bevor man sie weiß ibid.
§. 23. Man soll nicht einem Geschmack, oder einem Componisten allein schwören ibid.

Erstes Capitel, von verschiedenen Zeichen in der Musik 9
§. 24. 25. Abtheilung des Claviers ibid.
§. 26. 27. 28. 29. 30. 31. 32. Von den Schlüßeln 10. 11.
§. 33.

Inhalt.

§. 33. 34. 35. 36. 37. 38. Vom halben und ganzen Ton, vom Kreutz und Be — 12. 13.
§. 39. 40. Vom kleinen und grossen halben Ton — 13
§. 41. Vom Widerrufungszeichen — 14
§. 42. Von den verschiedenen Gattungen der Noten — ibid.
§. 43. Vom Punct — 15
§. 44. 46. 46. Vom Tact — ibid.
§. 47. Von den Pausen — 10
§. 48. Von dem grossen und kleinen Wiederholungszeichen, dem Custos, dem Ruhezeichen, der Fermate und Cadenz — ibid.
§. 49. Was eine Triole ist — 17
§. 50. Vom Einklang, der Secunde, Terz, Quarte, Quinte, Sexte, Septime und Octave — ibid.
§. 51. Von der grossen und kleinen Terz — 18
§. 52. Von der harten und weichen Tonart — ibid.
§. 53. Vom Bindungszeichen, vom Schleifen und Abstossen — ibid.
§. 54. Vom Zwey- Drey- und Vierklang — 20
§. 55. Von der Bezeichnung der zwölf grossen und zwölf kleinen Tonarten — 21

Zweytes Capitel. Von den Spielmanieren — 21
§. 56. Von der Bebung — 21. 22
  " Von dem Vorschlag — 22
  " Von dem Mordenten — ibid.
  " Vom Triller — ibid.
  " Vom Zusammenschlag — ibid.
  " Vom Doppelschlag — 24
  " Vom Schleifer — ibid.
  " Von der Rolle — 25
  " Von der Zergliederung — ibid.
§. 57. Vom Vorschlag mit dem Mordenten — ibid.
  " Vom Vorschlag mit dem Doppelschlage — 26
  " Vom getrillerten Doppelschlage, insgemein Doppeltriller — ibid.
  " Vom Anschlage — ibid.

Inhalt.

Drittes Capitel. Von der Fingersetzung — 27
§. 58 Von der Nothwendigkeit einer guten Fingersetzung — ibid.
§. 59 Von der Application beym Triller und Mordenten — 28
§. 60. Die Bezifferung der Finger — ibid.
§. 61. Von der Fingersetzung in laufenden einstimmigen Sätzen — ibid.
    Erster Absatz, von den Durtönen für die rechte Hand — 29
    Zweyter Absatz, von den Durtönen für die linke Hand — 31
    Dritter Absatz, von den Moltönen für die rechte Hand — 33
    Vierter Absatz, von den Moltönen für die linke Hand — 37
§. 62. Noch andere gute Applicationen für laufende Sätze. — 41
§. 63. Unbequeme, heßliche und ganz verwerfliche Positionen — 43
§. 64. Von der Application in springenden und mehrstimmigen Sätzen — 44
    erstlich, von zweystimmigen Sätzen für die rechte Hand ibid. für die linke Hand
    zweytens, von dreystimmigen Sätzen für die rechte Hand 46. für die linke Hand — 47
    drittens, von vierstimmigen Sätzen für die rechte Hand, 49. für die linke Hand — ibid.
§. 65. Von der Application im Schwärmer — 50

Kunst

Kunst das Clavier zu spielen.

Vorbereitung.

§. 1.

Das bequemste Alter zum Anfange des Clavierspielens ist das sechste bis siebente Jahr, nicht, daß dieses ältere Personen ausschliessen solle, sondern weil man alsdenn natürlicher Weise die Hände zur mechanischen Ausübung des Flügels am leichtesten gewöhnen kann.

§. 2.

Zu den Eigenschaften eines Lernenden gehöret, daß er nicht allein gesunde Sinne und Glieder, das ist, ein gutes Gehör und eine gelenkige Hand, sondern auch ein biegsames und die Lehren der Musik mit Begierde und Aufmerksamkeit zu fassen bereites Gemüth besitze. Der Meister kan nichts anders thun, als daß er uns die Art zu Werke zu gehen zeiget. Es ist unsere Schuld, wenn wir sie nicht in Uebung bringen können, oder wollen.

Vorbereitung.

§. 3.

Zu seinem Meister erwehle man sich einen solchen, der den Ruf hat, daß er geschickte Schüler zieht. Diejenigen, die am besten spielen, sind nicht allezeit die besten Lehrmeister, so wenig als die guten Componisten allezeit die geschicktesten Ausführer, und umgekehrt, die geschicktesten Ausführer die grösten Setzer sind. „Die Anzahl der Personen ist nicht so gar häufig, die alle drey Eigenschaften in einem gewissen Grade der Vollkommenheit beysammen haben. Ein anders ist es, jemanden entzücken, ein anders jemanden lehren. Es hat sich also eine Person glücklich zu schätzen, die zu ihrem Unterrichte einen Lehrmeister erhalten kann, der mit den Eigenschaften eines guten Lehrenden diese verbindet, daß er zugleich im Spielen den Vorzug über andere behauptet. Der Meister muß nebst diesem ein uneigennütziges Gemüth besitzen, und nicht sowohl um die Marke, als um sich Ehre zu machen, arbeiten. Die eigennützigen Meister halten einen so lange auf, als sie können. Es ist ihnen weniger an dem Vortheile ihres Untergebenen, als an ihrem eigenen gelegen. Sie setzen auf morgen aus, was sie heute zeigen konnten. Sie verschweigen einem die Kunstgriffe. Thut der Untergebene eine Frage an sie, so thun sie seiner Lehrbegierde kein Genüge. Sie geben entweder keine Antwort, oder machen selbige so verwirrt, daß sie keiner verstehen kann. Sie verbessern die Fehler ihrer Schüler nicht. Ihr Fortgang, ihre Begierde immer weiter zu gehen, machet sie eifersüchtig. Der gute uneigennützige Lehrmeister suchet die ihm anvertraute Person vollkommener zu machen, als er selber ist. Ihr Wachsthum macht ihm Vergnügen, und er suchet nicht so wohl viele, als wenige und gute Schüler zu haben.

§. 4.

Hat man aber den Vortheil, einen rechtschaffenen und geschickten Meister zu treffen, so ist man auch verbunden, denselben für seine Mühe großmüthig zu bezahlen. Viele sehen denjenigen, der das Seinige fordert, als eine Person an, die nicht zu leben weiß. Sie bezahlen ihm mit Noth einen Monat, und glauben Wunder was sie dem Meister für einen Possen spielen, wenn sie ihn hernach abdanken, und einen andern, der, ihrer Meinung nach, mehr Lebensart hat, erwehlen. Nichts ist dem Fortgange eines Schülers hinderlicher, als die Veränderung der Meister.

Vorbereitung.

§. 5.

Zum Instrumente bediene man sich im Anfange für sehr junge Personen eines bloßen Clavichords, eines Spinettes oder eines einzigen Registers auf einem Flügel, und sehe darauf, daß auf letztern Instrumenten die Docken sehr schwach befiedert seyn. An diesem Punct ist sehr viel gelegen, indem die schöne Ausführung oder Execution mehr von der Biegsamkeit geschmeidiger und freyer Finger, als von der Stärke abhänget; und, wenn man ein Kind auf einem stark bekielten Flügel spielen läßt, so muß es nothwendig seine zarten Hände mit aller Macht anstrengen, die Tasten anzugeben. Hievon aber entstehet das rauhe und harte Spielen, und die so unförmliche Lage der Hände. Der Flügel ist deswegen besser als ein Clavichord, weil der Ton sich nicht so bald darauf verliert, und man folglich eher hört, ob der Scholar, nach erloschenem Werthe der Note, die Finger hurtig von den Tasten aufhebet, oder nicht, und man ihn dadurch vor der kleberichten Spielart bewahren kann. Doch muß der Flügel, wie gesagt, sehr schwach bekielt seyn, und noch ist es gut, nur ein einziges Register zu nehmen.

§. 6.

Um das Ohr des Untergebenen sogleich vom Anfange der Unterweisung zur gehörigen Reinigkeit der Töne zu gewöhnen, muß der Lehrmeister dahin sehen, daß das Instrument, dessen man sich bedienet, allezeit gehörig gestimmet sey, und zwar nicht allein in den gebräuchlichern Tönen, sondern auch in allen übrigen. Hiezu gehöret auf Seiten des Lehrmeisters eine Känntniß der gleichschwebenden Temperatur, wozu es heutiges Tages theoretische und practische Anweisungen genug giebt. Zu den erstern gehören die Anfangsgründe der theoretischen Musik von Friedr. Wilh. Marpurg, und zu den andern, Barthold Fritzens Anweisung, wie man Claviere, Clavecins und Orgeln, nach einer mechanischen Art, in allen zwölf Tönen gleich rein stimmen könne.

§. 7.

Um die Hände und Finger überall frey und ohne Zwang gebrauchen zu können, muß man 1) sich gerade mitten vor das Griffbrett setzen, weil die linke Hand sowohl die äussersten Tasten zur rechten Seite, als die rechte Hand die äussersten Tasten zur linken Seite er-

Vorbereitung.

reichen muß, nicht so weit davon ab, daß, wenn die Hände die äussersten Tasten berühren sollen, der Körper aus seiner Stellung gebracht
werde; aber auch nicht so nahe, daß die Ellbogen hinterwärts zurück
gezogen werden. Die Entfernung vom Griffbrett, ist zwischen sechs und
zehn Zoll, von der Mitte des Leibes an gerechnet, nachdem eine Person
längere oder kürzere Aerme hat. 2) Man muß in einer gewissen
gehörigen Höhe vor dem Clavier sitzen, nicht so hoch oder so niedrig,
daß der Handballen mit dem Ellbogen eine schräge Linie mache. Zur
rechten Höhe gehöret, daß der untere Theil des Ellbogens mit dem
untern Theile des Gelenkes, das die Hand vom Arme absondert, und
mit den niedergebogenen Fingerspitzen eine horizontal oder gerade
Linie bilde. So hoch man alsdenn die eine Faust über dem Griffbrette
weggehen läßt, so hoch muß auch die andere darüber weggehen, und
es muß das Gelenke der Faust weder hervorragen, noch eingezogen
werden. Damit die Füsse junger Personen nicht in der Luft schweben,
und der Körper nicht aus seinem Gleichgewichte gebracht werde: so
sorge man dafür, daß sie, nach Beschaffenheit ihrer Grösse, ein dazu
bequemes Fußgestell erhalten.

§. 8.

Personen männlichen Geschlechts, die einen gewissen Grad der
Fertigkeit auf dem Clavier erhalten wollen, müssen sich vor aller schweren Handarbeit in Acht nehmen. Die Hände des Frauenzimmers sind
aus dieser Ursache insgemein besser.

§. 9.

Wenn man in der gehörigen Stellung und Lage vor dem Claviere sitzet, und die Hände auf selbiges gesetzet hat: so muß man selbige
allezeit in gleicher Höhe neben einander fortbewegen. Findet es sich,
daß eine Person die eine Hand beym Spielen zu hoch hält: so ist das
beste Mittel, daß man von jemanden ein beugsam Stäbchen von gehöriger Länge über die fehlende Faust halten, und selbiges zu gleicher
Zeit unter der andern weggehen läßt. Hält diese Person eine Faust zu
niedrig: so thue man das Gegentheil. Doch muß man den Händen
der spielenden Person mit diesem Stäbchen keine Gewalt anthun. Nach
und nach wird sich der Fehler verliehren.

§. 10.

Man hebe die Finger, aber nicht die Hände, hurtig auf, so bald
der Werth der Noten sich endiget. Man gehe mit einem gleichen Druck

Vorbereitung.

oder Anschlage von einer Taste zur andern auf dem Flügel fort, ohne gewaltsame Bewegungen und fürchterliche Luftsprünge mit den Händen zu machen, ohne die Hände zu werfen; ohne die Finger aus ihrer gebogenen Lage zu bringen, und selbige bald gerade zu strecken und bald zusammen zu ziehen; ohne ein paar Finger, vom Griffbrett herunter, an den Handballen heran zu zwingen, und einen Finger als einen Meilenzeiger, auf einer Taste gestreckt stehen zu lassen; ohne bald über die Tasten nachläßig wegzurutschen, und bald solche mehr zu prügeln als nieder zu drücken. Dieses letztere muß ehedessen Mode gewesen seyn, wie man aus der alten Redensart schliessen kann: Das Clavier schlagen. Heutiges Tages schläget man nicht das Clavier, sondern man spielet es. Um die untergebenen Personen an eine gleichförmige Bewegung der beyden Hände zu gewöhnen, kann man ihnen im Anfang ein Stückgen Bley auf die Hände legen. Bleibet solches darauf liegen, so ist es eine Probe, daß die Bewegung gleichförmig ist.

§. 11.

Da junge Personen, welche anfangen zu lernen, die Gewohnheit haben, daß sie, besonders in Trillern und Mordenten, die Nerven stark anziehen, und ihnen Zwang anthun: so ist allezeit dahin zu sehen, daß sie die Nerven ganz schlaf, und die Finger in solcher Freyheit lassen, als ob sie nichts damit zu thun hätten.

§. 12.

Die Triller und Mordenten, als die schwersten Manieren, worinnen es oft einem Stümper besser glückt, als dem erfahrensten Meister, lasse man einen Scholaren sogleich vom Anfang mit allen Fingern üben. Die Nerven werden dadurch gelenkiger und geschmeidiger. Damit man deutlich höre, ob die Schläge gleich, und nicht bald geschwinder und bald langsamer sind, welches man Meckern (*chevroter*) heisset: so lasse man ihn diese Manieren allezeit etwas lange aushalten, und zwar nach dem natürlichen Grade der Geschwindigkeit, den seine Hand hat, ohne solche übertreiben zu wollen. Die Schärfe erwirbt sich mit der Zeit, wenn die Nerven sonst nicht ganz und gar ungeschickt sind; und es ist allezeit besser, einen weniger geschwinden gleichen Triller, als einen sehr geschwinden ungleichen Triller zu schlagen. Ich erinnere mich eines gewissen Mittels, dessen sich der Königl. Kammermusicus, Herr Carl Fasch, ein vortreflicher Clavierist, bey einer Person, die Mühe hatte, die

Finger zu einem Triller zu gewöhnen, mit sehr glücklichem Erfolge bedienet hat. Er componirte für selbige einige Stücke, in welchen er an verschienen Oertern bald im Basse, bald im Discant, trillerähnliche Passagen, neimlich lange anhaltende Secundengänge, z. E. a|g a g a|g a g a| &c. mit Sechzentheilen anbrachte. Die Bewegung des Stückes konnte anfänglich nicht anders als langsam vom Scholaren gefasset werden. Allmählich wurde der Grad der Geschwindigkeit vermehret, und der Schüler lernte hierdurch unvermerkt nicht allein einen Triller, sondern annoch einen sehr guten gleichen Triller schlagen.

§. 13.

In Ansehung der Minen und Gebärden ist kein besser Mittel, die unanständigen zu verbessern, als daß man einen Spiegel vor sich auf den Clavierpult setzet, und sich darnach beurtheilet. Zu den Spielgrimassen gehöret noch die Gewohnheit einiger Personen, den Tact mit dem Kopfe, mit starken Fußschlägen, oder gar mit dem ganzen Leibe zu bemerken. Kann sich jemand ohne die Bewegung seiner Füsse nicht im Tact erhalten: so muß man sie zum wenigsten den Ohren andrer unempfindbar machen.

§. 14.

In den erstern Stunden der Unterweisung ist es gar nicht rathsam, junge Personen in Abwesenheit des Meisters zur Ueberstudirung ihrer Lection anzuhalten. Sie sind zu flüchtig, als daß sie ihre Hände in der ihnen vorgeschriebenen Lage zu erhalten, sich die Mühe geben sollten. Sie können durch eine üble Wiederholung in einem Augenblick niederreissen, was ein geschickter Meister in einer Zeit von drey Viertheilstunden mit Sorgfalt gebauet hat.

§. 15.

Man gewöhne sich die Tasten geschwinde zu finden, damit man, wenn man nach Noten spielet, nicht verbunden sey, alle Augenblick mit den Augen aufs Clavier, und wieder auf das Buch zurück zu springen. Man muß aber nicht eher anfangen, junge Personen aufs Blatt sehen zu lassen, als bis sie allerhand kleine Vorübungsstücke in den Händen haben. Es ist fast unmöglich, daß, wenn sie die Augen auf die Noten richten müssen, ihre Finger nicht in Unordnung gerathen, sich verdrehen, und daß besonders die Manieren nicht darunter leiden sollten. Man lasse sie im Anfange alles auswendig lernen. An der Anstän-

Vorbereitung. 7

digkeit und Zierlichkeit im Spielen ist eben so viel, ja fast noch mehr, als an der Kunst nach Noten zu spielen, gelegen; und hernach machen es zween oder drey Monathe mehr oder weniger nicht aus.

§. 16.

Um einen Anfänger in den Stand zu setzen, seine Lection in Abwesenheit des Meisters mit Gewißheit zu wiederholen, beziffre man selbige mit den Fingern, womit das Stück gespielet werden muß.

§. 17.

Damit der Scholar lerne Noten lesen, so schreibt man ihm anfänglich allerhand Arten von kleinen Aufgaben für die rechte Hand alleine vor. Man nimmt einige Zeit hernach diesen Proceß mit der linken Hand alleine vor. Sobald er anfängt, seine Aufgaben ohne Mühe für jede Hand besonders zu entziffern: so notirt man ihm Exempel für beyde Hände zusammen. Da er diese Aufgaben und Exempel nicht auswendig lernen soll: so muß man solche alle Tage verändern, und seine Aufmerksamkeit dadurch vermehren. Zum Anfange dieser Leseübungen braucht man nicht auf die Fingersetzung Acht zu haben. Es ist genug, daß er die Noten auf dem Claviere findet. Wenn er aber anfänget, in der Fertigkeit zu lesen zuzunehmen, so muß man zugleich für die Fingerordnung Sorge tragen, und um ihm solche in allerhand Arten von Gängen nach und nach beyzubringen, ohne ihn verwirrt zu machen: so übe man ihn eine Zeitlang in nichts als laufenden Figuren; hernach wieder eine Zeitlang in springenden Figuren; alsdenn vermischt, u. s. w. Aus einer geschickten Anordnung dieser Uebungen kann man die Beurtheilungskraft und die Einsicht des Meisters erkennen. Wenn der Grund zur guten Fingersetzung gelegt ist: alsdenn muß der Scholar auch nach dem Tacte lesen lernen.

§. 18.

Einige Meister pflegen ihre Schüler sogleich vom Anfange mit schweren Lectionen und Aufgaben zu plagen. Sie geben vor, daß, wenn sie das Schwere in der Gewalt haben, sie das Leichte ohne Mühe machen werden. Diese Meinung ist irrig. Alles hänget von der Zeit und der Uebung ab. Es ist unmöglich, daß, wenn man sogleich vom Anfange nicht weiß, was man machet, man es in der Folge lernet. Ueberdies ist es einem Schüler angenehm, wenn man ihm Sachen giebt, die er leichte lernen kann. Es vermehret dieses seine Lehrbegierde. Nach

Vorbereitung.

und nach, und, so zu sagen, scherzend führet man ihn zu schwerern und endlich zu den schwersten Sachen. Aber die vor der Zeit aufgegebenen schweren Lectionen können auch den aufgewecktesten Geist abschrecken.

§. 19.

Man hüte sich im Anfange ebenfalls vor dem geschwinden Spielen. Es ist dieses der erste Schritt zur Undeutlichkeit, und zur Verwirrung des Tacts und der Finger.

§. 20.

Man bestrebe sich, alle Finger ohne Unterschied durch hiezu taugliche Stücke gleich fertig zu machen. Weder der kleine Finger, noch der Daum muß davon ausgeschlossen werden. Man kann sicher glauben, daß diejenigen Meister, die einen von beyden aus der Applicatur verbannen, keine Meister, sondern Pfuscher sind, und ihre Untergebene so verhudeln, als sie selbsten verhudelt sind. Hätte man noch mehrere Finger, man könnte sie alle gebrauchen, besonders in den Stücken jetziger Zeit.

§. 21.

Die Singarien, die man einen Schüler spielen läßt, dienen zwar dazu, ihm den Geschmack zu bilden, aber nicht, ihm Fertigkeit und Geschwindigkeit in den Fingern, besonders in der linken Hand, zu verschaffen. Es braucht keines Erweises, daß Stücke, die von geschickten Meistern ausdrücklich fürs Clavier gemacht sind, den aus der Singstimme, Violine, Flöte oder andern Instrumenten, transponirten Stücken vorzuziehen sind.

§. 22.

Man verlasse keine Lection, bevor man sie so gut weiß, als es möglich ist. Der Fortgang eines Schülers ist nicht aus der Anzahl seiner Stücke, sondern aus der Art, wie er sie spielet, zu beurtheilen.

§. 23.

Hat man es so weit gebracht, daß man allerhand Arten von Stücken spielen kann: so nehme man sich in acht, nur bloß einem einzigen Geschmack oder Componisten zu schwören. Der wahre Kenner lässet nicht allein einer jeden Art von Spielcomposition an sich, sondern auch jedem Geschmack insbesondere Gerechtigkeit wiederfahren. Ohne den einen Claviersetzer allein zu vergöttern, und alle übrige zu verdammen, weiß er jedes regelmäßige und in dem wahren Geschmack des Claviers gesetzte

Vorbereitung.

setzte Stück zu schätzen, es mag es dieser oder jener gemacht haben. Der gute Musicus siehet zugleich auf die Harmonie und den Gesang, die Ausführung der Gedanken, den Plan, die Ordnung und Symmetrie eines Stücks. Sind alle heutige Claviercompositionen so beschaffen, daß sie sowohl von der Kunst und dem Fleisse, als von dem Genie und dem guten Geschmack ihres Verfassers zeugen? Giebt es nicht vielleicht Stücke von schon längst verstorbenen Componisten, die besser als viele heutigen sind? Aus dieser Ursache lässet es ein guter Lehrmeister nicht dabey bewenden, seine Scholaren zu den Stücken der guten Neuern anzuführen. Er verbindet annoch die besten Stücke der vergangenen Zeit damit, als von welchen sehr viele heutige Compositionen gewißlich werden überlebet werden, so lange das Clavier keine Singstimme, keine Geige oder Flöte ist.

Erstes Capitel.
Von verschiedenen Zeichen in der Musik.

§. 24.

Jedes Clavier wird ordentlicher Weise in vier Octaven abgetheilet, welche von der linken Hand gegen die rechte abgezählet werden. Jede Octave enthält sieben grössere und fünf kleinere Tasten. Die sieben grössern Tasten heissen:
   c d e f g a h
Von den fünf kleinern Tasten werden wir hernach reden.

§. 25.

Die erste Octave von unten nach oben, welche die tiefsten Töne enthält, wird die grosse Octave genennet; die darauf folgende zweyte heißt die kleine oder ungestrichene Octave; die dritte wird die eingestrichene und die vierte die zweygestrichene Octave genennet. Diese Nahmen sind aus der ehemals gebräuchlichen Notentabulatur, worin

10   Erstes Capitel.

nen man die Töne mit Buchstaben andeutete, entstanden, wie man aus folgender Vorstellung siehet:

grosse Octave.   kleine Octave.   eingestrichne Oct.   zweygestr. Oct.

CDEFGAH.   c d e f g a h.   c̄ d̄ ē f̄ ḡ ā h̄.   c̿ d̿ e̿ f̿ g̿ a̿ h̿.

§. 26.

Die Höhe oder Tiefe der Töne vorzustellen, bedienet man sich für jede Hand einer Reihe von fünf Linien, und eines gewissen Zeichens zum Anfang jeder Notenreihe, welches ein Schlüssel genennet wird.

§. 27.

Es giebt aber dreyerley Schlüssel in der Musik: als 1) der F Schlüssel, der entweder auf die dritte oder vierte Linie gesetzet wird. Die Abzählung der Linien geschieht allezeit von unten gegen oben.

2) Der C Schlüssel, der entweder auf die erste, zweyte, dritte oder vierte Linie gesetzet wird.

3) Der G Schlüssel, der entweder auf der ersten, oder auf der zweyten Linie seinen Platz bekömmt.

§. 28.

Auf dem Clavier kann man sich zum Anfange mit dem F Schlüssel auf der vierten Linie für die linke Hand, welche die Baßstimme führet, und mit dem C Schlüssel auf der ersten Linie für die rechte Hand, welche die Discantstimme führet, behelfen.

§. 29.

Auf dem C Schlüssel auf der ersten Linie, der mit dem c der eingestrichnen Octave seinen Anfang nimmt, folgen die Noten folgendergestalt:

§. 30.

Auf dem F Schlüssel auf der vierten Linie, der bey dem f in der kleinen Octave seinen Anfang nimmt, folgen die Noten folgendergestalt:

Von verschiedenen Zeichen in der Musik.

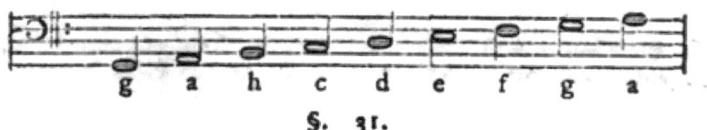

§. 31.

Wenn über und unter den fünf Linien dieser beyden Schlüssel annoch Linien hinzu gefüget werden: so kan man alle vier Clavieroctaven mit den darinnen enthaltenen Tönen auf folgende Art vorstellen:

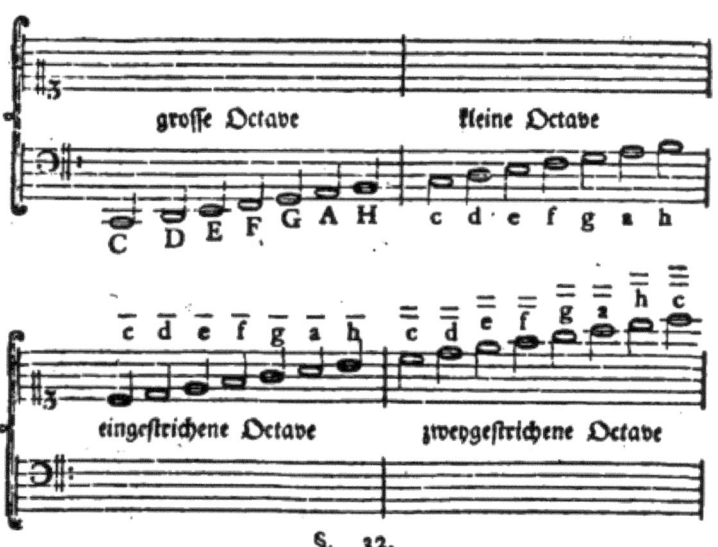

§. 32.

Mit dem dreygestrichenen c geht eine neue Octave an, die auf einigen Clavieren annoch mit einigen Tasten vermehret wird, so wie solches öfters in der Tiefe, nemlich unterhalb dem C der grossen Octave, ebenfalls geschicht.

§. 33.

Nachdem wir die grössern Claviertasten kennen lernen: so müssen wir solches auch mit den kleinern thun. Es ist also zu merken:

1) Daß der geringste Raum auf dem Clavier von einer Taste zur andern ein halber Ton genennet wird.

Folglich ist ein halber Ton von einem c bis zu der rechter Hand darauf folgenden kleinern Taste; und wiederum von dieser kleinern Taste, bis zu dem darauf folgenden d, u. s. w. Und folglich ist auch von e zu f, und von h zu c, nur ein halber Ton.

2) Daß zween halbe Töne einen ganzen Ton machen.

Folglich ist von c zu d, und ferner von d zu e ein ganzer Ton.

3) Daß, wenn man ein Kreutz vor eine Note setzet, solche dadurch um einen halben Ton erhöhet wird.

Wenn also vor c, d, f, g oder a ein Kreutz gesetzet wird, so heissen diese Noten: cis, dis, fis, gis oder ais. Das cis ist die kleine Taste zwischen c und d; das dis zwischen d und e; das fis zwischen f und g; das gis zwischen g und a; und ais zwischen a und h. Man sehe folgende Vorstellung in Noten:

c cis   d dis   f fis   g gis   a ais

4) Daß, wenn man ein b vor eine Note setzet, solche dadurch um einen halben Ton erniedriget wird.

Wenn also vor d, e, g, a, oder h ein b gesetzet wird, so heissen diese Noten: des, es, ges, as, hes oder b. Man sehe folgende Vorstellung in Noten:

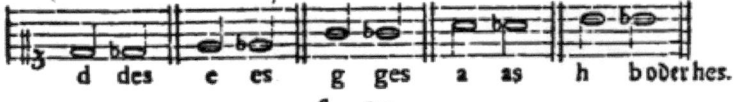

d des   e es   g ges   a as   h b oder hes.

§. 34.

Man wird jetzo bemerken, daß die fünf kleinern Tasten zweyerley Benennung führen, und daß der Ton zwischen c und d bald ein cis, bald ein des; der zwischen d und e bald ein dis und bald ein es; u. s. w. heisset, nachdem selbiger mit einem Kreutze oder Be angezeiget wird.

Von verschiedenen Zeichen in der Musik. 13

§. 35.

Wenn vor die Töne e und h ein Kreutz gesetzet wird, so entstehet daraus ein eis und his, als:

§. 36.

Wenn vor die Töne f und c ein Be gesetzet wird, so entstehet daraus ein fes und ces, als:

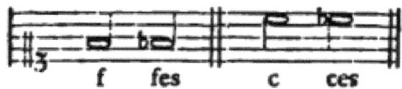

§. 37.

Die Ordnung der Kreutze ist fis, cis, gis, dis, ais, eis und his. Die Ordnung der Been ist: b, es, as, des, ges, ces und fes.

§. 38.

Wenn vor einer Note ein grosses einfaches Kreutz, welches ein Doppelkreutz am Werthe ist, stehet: so wird solche dadurch um zween halbe Töne, d. i. um einen ganzen Ton erhöhet; und wenn vor einer Note ein grosses b, welches ein Doppelbe gilt, gesetzet wird: so wird die Note um einen ganzen Ton erniedriget.

§. 39.

Wenn ein halber Ton auf eben derselben Stuffe entsteht, d. i. auf eben derselben Linie, oder auf eben demselben Spatio: so wird er ein kleiner halber Ton genennet, z. E.

§. 40.

Wenn aber der halbe Ton auf zweyerley Stuffen entsteht, d. i. von einer Linie zu einem Spatio, oder von einem Spatio zur Linie, so heist er ein grosser halber Ton, als:

Erſtes Capitel.

§. 41.

Wenn eine Note vermittelſt eines Kreutzes oder Bees aus ihrer natürlichen Lage gebracht worden iſt, und ſolche wieder an ihren vorigen Platz geſetzt werden ſoll: ſo bedienet man ſich dazu eines vierecfigten Bees, welches ein Widerrufungszeichen genennet wird; z. E.

Alle dieſe drey verſchiedenen Zeichen, das Kreutz, das runde Be, und das viereckigte Be, werden mit einem einzigen Nahmen Verſetzungszeichen genennet.

§. 42.

Zur Vorſtellung des Wehrts der Töne bedienet man ſich verſchiedener Arten von Noten. Wir können uns zum Anfange mit folgenden ſechs Gattungen begnügen, welche ſind:
1) Die Runde (ganze oder Viervierteilnote), welche zwo halbe gilt.
2) Die Halbe (weiſſe oder Zweyviertheilsnote), welche zwey Viertheile gilt.
3) Das Viertheil, welches zwey Achttheile gilt.
4) Das Achttheil, welches zwey Sechzehntheile gilt.
5) Das Sechzehntheil, welches zwey Zwey und dreyßigtheile gilt.
6) Das Zwey und dreyßigtheil, welches zwey Vier und ſechzigtheile gilt.

Man ſehe folgende Vorſtellung:

Runde.   Halbe.   Viertheile.   Achttheile.

Von verschiedenen Zeichen in der Musik.   15

Sechzehntheile.   Zwey und dreyßigtheile.

§. 43.
Wenn ein Punct hinter eine Note gesetzet wird, so wird solche dadurch um die Hälfte ihres Werths verlängert. Folglich gilt eine punctirte Runde drey halbe; eine punctirte Halbe drey Viertheile; ein punctirtes Viertheil drey Achttheile; ein punctirtes Achttheil drey Sechzehntheile, u. s. w.

§. 44.
Die Eintheilung und Abmessung der Noten nach ihrem Wehrt geschicht vermittelst des Tacts, welcher zweyerley ist, gerade oder ungerade.
Gerade ist der Tact, wenn er in gerade Theile, d. i. in 2 oder 4, unterschieden werden kann.
Ungerade ist der Tact, wenn er nicht in gerade Theile unterschieden werden kann. Der ungerade Tact wird insgemein Tripeltact genennet.

§. 45.
Von geraden Tactarten sind uns keine andere, als folgende für jetzo nöthig:
   1) Der Vierviertheiltact, welcher mit einem C oder 4 bemerkt wird.
   2) Der Zweyzweytheiltact, welcher mit einem durchstrichenen C oder mit 2 bemerket wird.
   3) Der Zweyviertheiltact, welcher mit 2 oder $\frac{2}{4}$ bemerket wird.
Hieher gehöret annoch
   4) Der Sechsviertheiltact $\frac{6}{4}$, und
   5) Der Sechsachttheiltact $\frac{6}{8}$.

§. 46.
Von ungeraden Tactarten brauchen wir ebenfalls keine andern, als die folgenden, zum Anfang zu wissen:
   1) Der Dreyviertheiltact, welcher mit 3 oder $\frac{3}{4}$ bezeichnet wird.
   2) Der Dreyachttheiltact, welcher mit $\frac{3}{8}$ bezeichnet wird.
Hieher gehöret annoch
   3) Der Neunachttheiltact $\frac{9}{8}$.

Erstes Capitel.

§. 47.

Das Stillschweigen einer Stimme anzudeuten, bedienet man sich gewisser Zeichen, die man Pausen nennet. Zum Anfange brauchet man nicht mehr, als folgende Arten von Pausen zu kennen:

Pause von einem ganzen Tact. Pause von ½ Tact. Pause von ¼ Note. Pause von ⅛ Note. Pause von 1⁄16 Note. Pause von 1⁄32 Note.

§. 48.

Andere nöthige Zeichen in der Musik sind:

1) Das grosse Wiederholungszeichen, welches anzeiget, daß der vorhergehende Theil eines Stücks noch einmahl gespielet werden soll. Fig. 1.

2) Das kleine Wiederholungszeichen, welches nur die Wiederholung etlicher Tacte aus einem Theile bemercket. Fig. 2.

3) Der Custos, mit welchem, am Ende einer vorhergehenden Notenreihe, die Stuffe der ersten Note der folgenden Notenreihe bemerket wird. Fig. 3.

4) Das Ruhezeichen, Fig. 4. wird zu verschiedenen Absichten gebraucht, als: α) um eine Fermate anzuzeigen. Durch Fermate verstehet man eine willkührliche zierliche Aufhaltung in der Mitte eines Stücks. Fig. 5.

β) Um eine Cadenz anzuzeigen. Durch Cadenz verstehet man eine willkührliche Auszierung der Hauptnote eines Modi gegen die im Basse dagegen stehende Quinte des Modi. Dieser Auszierung bedienet man sich nur insgemein beym Schlusse eines Stücks. Fig. 6.

γ) Um

Von verschiedenen Zeichen in der Musik. 17

γ) Um den gänzlichen Schluß eines Stück's anzuzeigen. Fig. 7.

§. 49.

Wenn drey Achttheile gegen ein Viertheil gesetzet werden, wie k g f gegen h bey der kurz vorhergehenden Fig. 5. so wird die daher entstehende musikalische Figur eine Triole genennet.

§. 50.

Wenn eine Note mit einer andern aus eben derselben Stuffe verglichen wird: so entstehet daher ein Einklang, Fig. 1.
Wenn eine Note mit einer andern aus der zweyten Stuffe darüber verglichen wird: so entstehet eine Secunde. Fig. 2.
Geschicht die Vergleichung mit der dritten Stuffe darüber: so entstehet eine Terz, Fig. 3. mit der vierten Stuffe darüber, eine Quarte, Fig. 4. mit der fünften Stuffe darüber, eine Quinte, Fig. 5. mit der sechsten Stuffe darüber, eine Sexte, Fig. 6. mit der siebenten Stuffe darüber, eine Septime, Fig. 7. und mit der achten Stuffe darüber, eine Octave, Fig. 8. Diese Vergleichung eines Tons mit dem andern wird ein Intervall genennet. Für einen Anfänger sind die vorhergehenden acht Intervallen hinlänglich, wovon man sich vermittelst folgender Exempel einen deutlichern Begrif machen kann.

Kunst d. Clav. zu spiel. C

18 Erstes Capitel.

§. 51.

Wenn eine Terz aus zween ganzen Tönen bestehet: so wird sie eine grosse Terz genennet, Fig. 1. und bestehet sie nur aus einem ganzen und einen halben Ton: so heisset sie eine kleine Terz, Fig. 2.

§. 52.

Jedes musikalische Stück ist in einem gewissen Modo oder in einer gewissen Tonart componirt, und diese Tonart ist entweder dur oder mol. Man erkennet dieses aus der Terz des Haupttons, womit ein Stück schliesset. Ist die Terz über diesem Schlußtone groß: so heisset dieſe Tonart eine dur oder harte, oder groſſe Tonart, Fig. 1. Iſt die Terz über dieſem Schlußtone klein, ſo heißt dieſe Tonart eine mol oder weiche, oder kleine Tonart, Fig. 2.

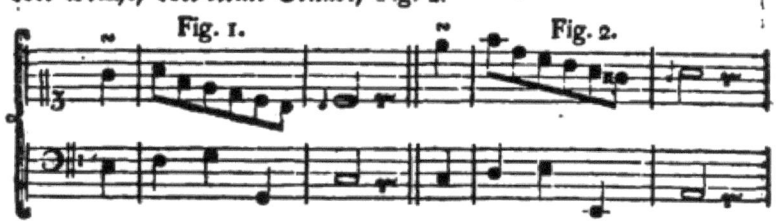

Fig. 1.   Fig. 2.

Da die Hauptonleiter bey Fig. 1. die Töne c d e f g a h c enthält, und c und e eine groſſe Terz machen: ſo iſt die Tonart daſelbſt dur oder hart.

Wenn aber bey Fig. 2. die Töne a h c d e f g a die Haupttonleiter ausmachen, und zwiſchen a und c eine kleine Terz enthalten iſt: ſo iſt die Tonart daſelbſt mol oder weich.

§. 53.

Ein halber Bogen von einer Note zu einer andern, die auf eben derſelben Stuffe ſteht, heißt ein Bindungszeichen, und bedeutet, daß die beyden Noten, ohne Erneuerung des Anſchlags, bis zur Erlöſchung ihres Werths, fortgehalten werden ſollen, wie bey Fig. 1. Dieſer halbe Bogen wird auch öfters gebraucht, wenn verſchiedene Noten, die hinter einander angeſchlagen werden, und einen gewiſſen Accord unter ſich ausmachen, von der erſten bis zur letzten liegen bleiben ſollen, wie bey Fig. 2. im Baſſe. Es iſt aber beſſer, daß dergleichen Sätze ordentlich ausgeſchrieben werden, wie bey Fig. 3.

Fig. 1.   Fig. 2.

Erstes Capitel.

. Fig. 3.   oder in einer andern Tactart.

Bey Fig. 2. und 3. in der Stimme für die rechte Hand dient der halbe Bogen dazu, daß die damit bemerkten Noten an einander geschleifet werden sollen. Das Abstoßen der Noten wird mit Puncten oder kleinen Strichen bemerkt, als:

oder

§. 54.

Wenn zwo Noten zu gleicher Zeit angeschlagen werden, so heißet solches ein Zweyklang (Dyas); und wenn drey Noten zusammen angeschlagen werden, so heißt solches ein Dreyklang (Trias). Das Wort Zusammenklang oder Accord ist ein allgemeines Wort, worunter sowohl der Zwey- als Dreyklang rc. begriffen wird. Man saget daher: zwey-drey-vierstimmiger Accord, u. s. w. Aus einer Folge mehrer Accorde entsteht eine Harmonie, und der Harmonie ist die Melodie entgegen gesetzt, die nichts anders als eine Reihe von einzelnen, hinter einander folgenden Tönen, bezeichnet.

Von verschiedenen Zeichen in der Musik.

§. 55.

Es giebt vier und zwanzig Tonarten, zwölf grosse und zwölf kleine.

Die zwölf grossen Tonarten C dur		Die zwölf kleinen Tonarten A mol	
F dur wird bezeichnet mit be, B dur, mit be, und es, Es dur, mit be, es und as, As dur, mit be, es, as und des, Des dur, mit be, es, as, des und ges.	G dur, wird bezeichnet mit fis, D dur, mit fis und cis, A dur, mit fis, cis und gis, E dur, mit fis, cis, gis und dis, H dur, mit fis, cis, gis, dis, und ais. Fis dur, mit fis, cis, gis, dis, ais und eis.	E mol, wird bezeichnet wie G dur, H mol, wie D dur, Fis mol, wie A dur, Cis mol, wie E dur, Gis mol, wie H dur, Dis mol, wie Fis dur.	D mol, wird bezeichnet wie F dur, G mol, wie B dur, C mol, wie Es dur, F mol, wie As dur, B mol, wie Des dur.

Zweytes Capitel.
Von den Spielmanieren.

§. 56.

Wir kommen auf die Spielmanieren. Man kann sich zum Anfange mit folgenden behelfen:

1) Die Bebung (franz. balancement) kann nur auf dem Clavichord und Bogenflügel 2c. nicht aber auf dem ordentlichen Flügel gemachet werden.

Zweytes Capitel.

2) **Der Vorschlag** (port de voix.) Der geschwindere oder kurze wird allezeit mit einem Sechzehn = oder Zweyunddreyßigtheil; der langsamere oder lange aber mit einem Achttheile, Viertheile oder einer halben Note, seinem Werthe nach, angezeigt. Die Note, womit ein Vorschlag gemacht wird, er mag lang oder kurz, angeschlossen oder springend, steigend oder fallend seyn, muß allezeit auf die Zeit der Hauptnote kommen. Fig. 2.

Von den Spielmanieren. 23

3) Der **Mordent** (pincé) Fig. 3. Die Länge oder Kürze dieser Manier hänget hauptsächlich von dem Wehrte der Note ab, worüber sie gemachet wird.

4) Der **Triller** (tremblement) Fig. 4. wird mit der entlehnten Note zu schlagen angefangen. Der Wehrt der Note, worauf der Triller gemacht wird, entscheidet seine Länge oder Kürze. Ein schneller kurzer Triller, wie bey Fig. 4. (*) heißt ein **Pralltriller**.

5) Der **Zusammenschlag** (pincé étouffé, ital. acciaccatura) Fig. 5. wird mit einem Vorschlagsnötchen, durch welche ein Querstrich geht, am schicklichsten angedeutet. Die beyden Noten werden zusammen angeschlagen; doch wird von der untersten sogleich der Finger wieder aufgehoben, und nur die oberste allein ausgehalten.

Zweytes Capitel.

Fig. 5.

6) Der Doppelschlag (doublé) Fig. 6. (a) Wenn er etwas aufgehalten werden soll: so muß das Zeichen in einiger Entfernung hinter der Note stehen, wie bey (b)

Fig. 6.

7) Der Schleifer (Coulé) Fig. 7. Vom geschwindern Schleifer sehe man (a), und vom langsamern (b).

8) Der

Von den Spielmanieren.

8) Die Rolle (Groppo) Fig. 8.   9) Der Schneller (pincé renversé) F. 9.

10) Die Zergliederung oder Brechung, (arpeggio) Fig. 10.

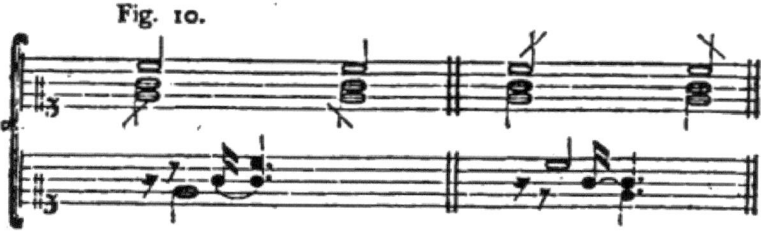

§. 57.

Die vorhergehenden Manieren können auf verschiedene Art, verbunden ausgeübet werden. Hieher gehöret z. E.

1 Der Vorschlag mit dem Mordenten, (port de voix pincé,) Fig. 1.

Kunst d. Clav. zu spiel.

Zweytes Capitel.

2) Der Vorschlag mit dem Doppelschlage, Fig. 2.

Fig. 2.

3) Der getrillerte Doppelschlag, insgemein Doppeltriller, Fig. 3.

Fig. 3.

4) Der Anschlag, Fig. 4. ist nicht anders als ein Doppelvorschlag, indem nemlich ein steigender und fallender, oder ein springender und stuffenweiser Vorschlag verbunden werden.

Fig. 4.

5) Der Schleifer mit dem Doppelschlage, Fig. 5.

Von den Spielmanieren.

Fig. 5.

und so weiter.

Drittes Capitel.
Von der Fingersetzung.

§. 58.

Die Art die Finger zu führen und abzuwechseln, träget sehr viel zur Art des Spielens bey, indem es gewiß ist, daß ein mit dieser oder jener Application vorgetragener Gesang in den Ohren einer Person von Geschmack, eine verschiedene Wirkung hervorbringet. Wofern also eine Art von beyden die beste ist, so kann man leicht daraus schliessen, daß die Fingersetzung nicht so willkührlich ist. Es ist wahr, daß viele Gänge auf mehr als eine Art gemachet werden können. Es sind aber auch wiederum viele Gelegenheiten, wo alle diejenigen, die spielen, eben dieselben Finger gebrauchen müssen, wofern sie diese oder jene Stelle mit gehöriger Leichtigkeit und Bequemlichkeit, als worauf man, nächst dem guten Anstande, bey der Application zu sehen hat, heraus bringen wollen. Ueberhaupt muß man allezeit diejenigen Abwechselungen der Finger vor andern erwählen, die der Hand die wenigste Bewegung verursachen. Man sehe hiebey beständig auf die folgende Note, damit man zum voraus die vorhergehende Application darnach einrichte, um das Spiel geschickt zu verbinden.

Drittes Capitel.

§. 59.

Viele Personen sind nicht sogleich im Anfange im Stande, mit gewissen Fingern so fertig als mit andern, einen Triller oder Mordenten zu machen. Diesen Personen ist zu rathen, daß sie die schlechten Finger vorzüglich darinnen üben. Die Finger zu gedachten Manieren sind

α) in der rechten Hand, der andere mit dem dritten, und der dritte mit dem vierten.

Ausserordentlicher Weise kann man auch, wenn die oberste Note auf eine kleine Taste fällt, z.E. e mit fis, h mit cis, den zweyten und vierten, oder den dritten und kleinen Finger dazu nehmen.

β) in der linken Hand, der erste mit dem zweyten, und der zweyte mit dem dritten.

Wenn die oberste Note auf eine kleinere Taste fällt, z.E. a mit b: so pflegen einige die Finger zu überschlagen, und den Daumen auf die unterste Note a, den zweyten hingegen auf die oberste Note b zu setzen.

§. 60.

Bey der Bezifferung der Finger ist zu bemerken, daß
    der Daum mit 1,
    der Zeigefinger mit 2,
    der Mittelfinger mit 3,
    der darauf folgende mit 4, und
    der kleine Finger mit 5
an jeder Hand bezeichnet wird. Wir werden uns aber, statt der Zahlen, der Namen erster, zweyter, dritter, vierter und fünfter Finger bedienen, um allen Mißverstand zu verhüten.

§. 61.

Wir fangen die Lehre von der Fingersetzung mit laufenden einstimmigen Sätzen an, und bauen solche auf die zwölf harten und zwölf weichen Tonarten.

Von der Fingerſetzung.

Erſter Abſatz.

Von den Durtönen für die rechte Hand, auf- und abſteigend.

(α) Folgende Töne haben einerley Application.

		C dur.	G dur.	D dur.	A dur.	E dur.
Fünfter	Finger,	c	g	d	a	e
vierter,	′	h	fis	cis	gis	dis
dritter,	′	a	e	h	fis	cis
zweyter,	′	g	d	a	e	h
erſter,	′	f	c	g	d	a
dritter,	′	e	h	fis	cis	gis
zweyter,	′	d	a	e	h	fis
erſter,	′	c	g	d	a	e
vierter,	′	h	fis	cis	gis	dis
dritter,	′	a	e	h	fis	cis
zweyter,	′	g	d	a	e	h
erſter,	′	f	c	g	d	a
dritter,	′	e	h	fis	cis	gis
zweyter,	′	d	a	e	h	fis
erſter,	′	c	g	d	a	e

Man bemerket in der vorhergehenden Application, wie im Abſteigen der dritte Finger über den Daumen, und im Aufſteigen der Daumen unter dem dritten Finger fortgeſetzt wird.

(β) Application.

für H dur.				für F dur.		
Fünfter	Finger,	h		vierter	Finger,	f
vierter,	′	ais		dritter,	′	e
dritter,	′	gis		zweyter,	′	d
zweyter,	′	fis		erſter,	′	c
erſter,	′	e		vierter,	′	b
dritter,	′	dis		dritter,	′	a

Drittes Capitel.

zweyter	Finger,	cis	zweyter	Finger,	g
erster,	'	h	erster,	'	f
vierter,	'	ais	dritter,	'	e
dritter,	'	gis	zweyter,	'	d
zweyter,	'	fis	erster,	'	c
erster,	'	e	vierter,	'	b
dritter,	'	dis	dritter,	'	a
zweyter,	'	cis	zweyter,	'	g
erster,	'	h	erster,	'	f

Man merket in beyden Tönen, wie im Absteigen der vierte Finger über den Daumen, und im Aufsteigen der Daumen unter dem vierten Finger fortgesetzt wird.

(γ) Application.

für B dur.			für Es dur.			für As dur.		
Vierter Finger,		b	Dritter Finger,		es	Dritter Finger,		as
dritter,	'	a	zweyter,	'	d	zweyter,	'	g
zweyter,	'	g	erster,	'	c	erster,	'	f
erster,	'	f	vierter,	'	b	dritter,	'	es
dritter,	'	es	dritter,	'	as	zweyter,	'	des
zweyter,	'	d	zweyter,	'	g	erster,	'	c
erster,	'	c	erster,	'	f	vierter,	'	b
vierter,	'	b	dritter,	'	es	dritter,	'	as
dritter,	'	a	zweyter,	'	d	zweyter,	'	g
zweyter,	'	g	erster,	'	c	erster,	'	f
erster,	'	f	vierter,	'	b	dritter,	'	es
dritter,	'	es	dritter,	'	as	zweyter,	'	des
zweyter,	'	d	zweyter,	'	g	erster,	'	c
erster,	'	c	erster,	'	f	dritter,	'	b
zweyter,	'	b	zweyter,	'	es	zweyter,	'	as

Man bemerket in diesen Applicationen, wie im Absteigen der zweyte Finger über den Daumen, und im Aufsteigen der Daum unter dem zweyten Finger fortgesetzet wird.

Von der Fingerſetzung. 31

(δ) Application.

für Des dur.			für Ges dur.			(Fis dur)
Zweyter Finger,		des	Zweyter Finger,		ges	fis
erſter,	′	c	erſter,	′	f	eis
vierter,	′	b	dritter,	′	es	dis
dritter,	′	as	zweyter,	′	des	cis
zweyter,	′	ges	erſter,	′	ces	h
erſter,	′	f	vierter,	′	b	ais
dritter,	′	es	dritter,	′	as	gis
zweyter,	′	des	zweyter,	′	ges	fis
erſter,	′	c	erſter,	′	f	eis
vierter,	′	b	dritter,	′	es	dis
dritter,	′	as	zweyter,	′	des	cis
zweyter,	′	ges	erſter,	′	ces	h
erſter,	′	f	vierter,	′	b	ais
dritter,	′	es	dritter,	′	as	gis
zweyter,	′	des	zweyter,	′	ges	fis

Man ſiehet aus allen vorhergehenden Exempeln, daß man bey Abwechſelung der Finger, allezeit mit einem gröſſern über einen kleinern, und mit einem kleinern unter einem gröſſern wegſteigt. Das Gegentheil iſt ein Fehler.

Zweyter Abſatz.
Von den Durtönen für die linke Hand, auf- und abſteigend.

(a) Folgende Töne haben einerley Application.

		C dur.	G dur.	D dur.	A dur.	E dur.	F dur.
Erſter Finger,		c	g	d	a	e	f
zweyter,	′	h	fis	cis	gis	dis	e
dritter,	′	a	e	h	fis	cis	d
erſter,	′	g	d	a	e	h	c

32   Drittes Capitel.

zweyter Finger,	f	c	g	d	a	b
dritter,	,	e	h	fis	cis	gis	a
vierter,	,	d	a	e	h	fis	g
erster,	,	c	g	d	a	e	f
zweyter,	,	h	fis	cis	gis	dis	e
dritter,	,	a	e	h	fis	cis	d
erster,	=	g	d	a	e	h	c
zweyter,	,	f	c	g	d	a	b
dritter,	,	e	h	fis	cis	gis	a
vierter,	,	d	a	e	h	fis	g
fünfter,	,	c	g	d	a	e	f

Man bemerket, wie im Aufsteigen der dritte und vierte Finger über den Daumen, und im Absteigen der Daum unter dem dritten und vierten Finger wegsteiget.

(β) Application.

für B dur.		Es dur.		As dur.	
Zweyter Finger,	b	Zweyter Finger,	es	Zweyter Finger,	as
erster,	, a	erster,	, d	erster,	, g
zweyter,	, g	zweyter,	, c	zweyter,	, f
dritter,	, f	dritter,	, b	dritter,	, es
vierter,	, es	vierter,	, as	vierter,	, des
erster,	, d	erster,	, g	erster,	, c
zweyter,	, c	zweyter,	, f	zweyter,	, b
dritter,	, b	dritter,	, es	dritter,	, as
erster,	, a	erster,	, d	erster,	, g
zweyter,	, g	zweyter,	, c	zweyter,	, f
dritter,	, f	dritter,	, b	dritter,	, es
vierter,	, es	vierter,	, as	vierter,	, des
erster,	, d	erster,	, g	erster,	, c
zweyter,	, c	zweyter,	, f	zweyter,	, b
dritter,	, b	dritter,	, es	dritter,	, as

Man bemerket, wie im Aufsteigen der zweyte Finger über den Daumen, und im Absteigen der Daumen unter dem zweyten Finger fortgesetzt wird.

(γ) Ap=

Von der Fingersetzung.   33

(γ) Application.

für H dur.		Des dur.			Ges dur.		(Fis dur.)	
Erster Finger,	h	zweyter Finger,	des		zweyter Finger,	ges		fis
zweyter,	ais	erster,		c	erster,		f	eis
dritter,	gis	zweyter,		b	zweyter,		es	dis
vierter,	fis	dritter,		as	dritter,		des	cis
erster,	e	vierter,		ges	erster,		ces	h
zweyter,	dis	erster,		f	zweyter,		b	ais
dritter,	cis	zweyter,		es	dritter,		as	gis
erster,	h	dritter,		des	vierter,		ges	fis
zweyter,	ais	erster,		c	erster,		f	eis
dritter,	gis	zweyter,		b	zweyter,		es	dis
vierter,	fis	dritter,		as	dritter,		des	cis
erster,	e	vierter,		ges	erster,		ces	h
zweyter,	dis	erster,		f	zweyter,		b	ais
dritter,	cis	zweyter,		es	dritter,		as	gis
vierter,	h	dritter,		des	vierter,		ges	fis

Dritter Absatz.

Von den Molltönen für die rechte Hand.

(a) Application für

A mol. abſteigend.		A mol. aufſteigend.		D mol. wie A mol.		G mol. wie A mol.	
Fünfter Finger,	a	vierter Finger,	d		d	g	g
vierter,	g	gis dritter,	c		cis	f	fis
dritter,	f	fis zweyter,	b		h	es	e
zweyter,	e	erster,	a		a	d	d
erster,	d	d vierter,	g		g	c	c
dritter,	c	c dritter,	f		f	b	b
zweyter,	h	h zweyter,	e		e	a	a
erster,	a	a erster,	d		d	g	g

Kunſt d. Cl. zu ſp.   E

Drittes Capitel.

vierter Singer,	g	gis dritter Singer,	c	cis	f	fis
dritter,	f	fis zweyter,	b	h	es	e
zweyter,	e	e erster,	a	a	d	d
erster,	d	d vierter,	g	g	c	c
dritter,	c	c dritter,	f	f	b	b
zweyter,	h	h zweyter,	e	e	a	a
erster,	a	a erster,	d	d	g	g

(β) Application für

C mol (wie A mol.)   E mol (wie A mol.)

c	c	e	e
b	h	d	dis
as	a	c	cis
g	g	h	h
f	f	a	a
es	es	g	g
d	d	fis	fis
c	c	e	e
b	h	d	dis
as	a	c	cis
g	g	h	h
f	f	a	a
es	es	g	g
d	d	fis	fis
c	c	e	e

(γ) Application für

H mol.   Gis mol.

absteigend.	aufsteigend.	absteigend.	aufsteigend.
Fünfter Sing. h	h fünfter Sing.	dritter Sing. fis	zweyter Sing. fis
vierter, a	ais vierter,	zweyter, e	erster, eis
dritter, g	gis dritter,	erster, d	vierter, dis
zweyter, fis	fis zweyter,	dritter, cis	dritter, cis

Von der Fingerſetzung. 35

erſter, Fing.	e	e	erſter, Fing.		zweyter Fing.	h	zweyter Fing.		h
dritter,	∮	d	d	dritter,	∮	erſter,	∮	a	erſter,	∮	a
zweyter,	∮	cis	cis	zweyter,	∮	vierter,	∮	gis	dritter,	∮	gis
erſter,	∮	h	h	erſter,	∮	dritter,	∮	fis	zweyter,	∮	fis
vierter,	∮	a	ais	vierter,	∮	zweyter,	∮	e	erſter,	∮	eis
dritter,	∮	g	gis	dritter,	∮	erſter,	∮	d	vierter,	∮	dis
zweyter,	∮	fis	fis	zweyter,	∮	dritter,	∮	cis	dritter,	∮	cis
erſter,	∮	e	e	erſter,	∮	zweyter,	∮	h	zweyter,	∮	h
dritter,	∮	d	d	dritter,	∮	erſter,	∮	a	erſter,	∮	a
zweyter,	∮	cis	cis	zweyter,	∮	dritter,	∮	gis	dritter,	∮	gis
erſter,	∮	h	h	erſter,	∮	zweyter,	∮	fis	zweyter,	∮	fis

(δ) Application für

Cis mol.   **F mol.**

abſteigend.		aufſteigend.		abſteigend.		aufſteigend.	
Dritter Fing.	cis	cis	zweyter Fing.	vierter Fing.	f	f	vierter Fing.
zweyter, ∮	h	his	erſter, ∮	dritter, ∮	es	e	dritter, ∮
erſter, ∮	a	ais	vierter, ∮	zweyter, ∮	des	d	zweyter, ∮
dritter, ∮	gis	gis	dritter, ∮	erſter, ∮	c	c	erſter, ∮
zweyter, ∮	fis	fis	zweyter, ∮	vierter, ∮	b	b	vierter, ∮
erſter, ∮	e	e	erſter, ∮	dritter, ∮	as	as	dritter, ∮
vierter, ∮	dis	dis	dritter, ∮	zweyter, ∮	g	g	zweyter, ∮
dritter, ∮	cis	cis	zweyter, ∮	erſter, ∮	f	f	erſter, ∮
zweyter, ∮	h	his	erſter, ∮	dritter, ∮	es	e	dritter, ∮
erſter, ∮	a	ais	vierter, ∮	zweyter, ∮	des	d	zweyter, ∮
dritter, ∮	gis	gis	dritter, ∮	erſter, ∮	c	c	erſter, ∮
zweyter, ∮	fis	fis	zweyter, ∮	vierter, ∮	b	b	vierter, ∮
erſter, ∮	e	e	erſter, ∮	dritter, ∮	as	as	dritter, ∮
dritter, ∮	dis	dis	dritter, ∮	zweyter, ∮	g	g	zweyter, ∮
zweyter, ∮	cis	cis	zweyter, ∮	erſter, ∮	f	f	erſter, ∮

Drittes Capitel.

(ε) Application für

B mol.

absteigend.			aufsteigend.
Vierter Sing.	b		b	vierter Sing.
dritter,	,	as	a	dritter,
zweyter,	,	ges	g	zweyter,
erster,	,	f	f	erster,
dritter,	,	es	es	dritter,
zweyter,	,	des	des	zweyter,
erster,	,	c	c	erster,
vierter,	,	b	b	vierter,
dritter,	,	as	a	dritter,
zweyter,	,	ges	g	zweyter,
erster,	,	f	f	erster,
dritter,	,	es	es	dritter,
zweyter,	,	des	des	zweyter,
erster,	,	c	c	erster,
zweyter,	,	b	b	zweyter,

E emol.

absteigend.			aufsteigend.
dritter Sing.	es		es	dritter Sing.
zweyter,	,	des	d	zweyter, ,
erster,	,	ces	c	erster, ,
vierter,	,	b	b	vierter, ,
dritter,	,	as	as	dritter, ,
zweyter,	,	ges	ges	zweyter, ,
erster,	,	f	f	erster, ,
dritter,	,	es	es	dritter, ,
zweyter,	,	des	d	zweyter,
erster,	,	ces	c	erster,
vierter,	,	b	b	vierter, ,
dritter,	,	as	as	dritter, ,
zweyter,	,	ges	ges	zweyter, ,
erster,	,	f	f	erster, ,
zweyter,	,	es	es	zweyter, ,

(ζ) Application für As mol.

absteigend.			aufsteigend.
Dritter Singer,	as		as	Dritter Singer,
zweyter,	,	ges	g	zweyter,
erster,	,	fes	f	erster,
dritter,	,	es	es	dritter,
zweyter,	,	des	des	zweyter,
erster,	,	ces	ces	erster,
vierter,	,	b	b	vierter,
dritter,	,	as	as	dritter,
zweyter,	,	ges	g	zweyter,
erster,	,	fes	f	erster,
dritter,	,	es	es	dritter,
zweyter,	,	des	des	zweyter,
erster,	,	ces	ces	erster,
dritter,	,	b	b	dritter,
zweyter,	,	as	as	zweyter,

Von der Fingersetzung.

Vierter Absatz.
Von den Molltönen für die linke Hand.

(α) Application für

	A mol. abſteigend.		D mol. aufſteigend.		wie A mol.
Erſter Finger,	a	a	Erſter Finger,	d	d
zweyter,	g	gis	zweyter,	c	cis
dritter,	f	fis	dritter,	b	h
erſter,	e	e	erſter,	a	a
zweyter,	d	d	zweyter,	g	g
dritter,	c	c	dritter,	f	f
vierter,	h	h	vierter,	e	e
erſter,	a	a	erſter,	d	d
zweyter,	g	gis	zweyter,	c	cis
dritter,	f	fis	dritter,	b	h
erſter,	e	e	erſter,	a	a
zweyter,	d	d	zweyter,	g	g
dritter,	c	c	dritter,	f	f
vierter,	h	h	vierter,	e	e
fünfter,	a	a	fünfter,	d	d

(β) Application für

	G mol. abſteigend.		C mol. aufſteigend.		wie G mol. aufſteigend.
Erſter Finger,	g	g	Erſter Finger,	c	c
zweyter,	f	fis	zweyter,	b	h
dritter,	es	e	dritter,	as	a
erſter,	d	d	erſter,	g	g
zweyter,	c	c	zweyter,	f	f
dritter,	b	b	dritter,	es	es
erſter,	a	a	vierter,	d	d
zweyter,	g	g	erſter,	c	c

E 3

38 Drittes Capitel.

dritter Singer,	f		fis zweyter Singer,	b	h
vierter,	,	es	e dritter,	,	as	a
erster,	,	d	d erster,	,	g	g
zweyter,	,	c	c zweyter,	,	f	f
dritter,	,	b	b dritter,	,	es	es
vierter,	,	a	a vierter,	,	d	d
fünfter,	,	g	g fünfter,	,	c	c

(γ) Application für

E mol.		G mol.	
absteigend.	aufsteigend.	absteigend.	aufsteigend.
Erster Sing. e	e Erster Sing.	Erster Sing. h	h Erster Sing.
zweyter, , d	dis zweyter, ,	zweyter, , a	ais zweyter, ,
dritter, , c	cis dritter, ,	dritter, , g	gis dritter, ,
erster, , h	h erster, ,	vierter, , fis	fis vierter, ,
zweyter, , a	a zweyter, ,	erster, , e	e erster, ,
dritter, , g	g dritter, ,	zweyter, , d	d zweyter, ,
vierter, , fis	fis vierter, ,	dritter, , cis	cis dritter, ,
erster, , e	e erster, ,	erster, , h	h erster, ,
zweyter, , d	dis zweyter, ,	zweyter, , a	ais zweyter, ,
dritter, , c	cis dritter, ,	dritter, , g	gis dritter, ,
erster, , h	h erster, ,	vierter, , fis	fis vierter, ,
zweyter, , a	a zweyter, ,	erster, , e	e erster, ,
dritter, , g	g dritter, ,	zweyter, , d	d zweyter, ,
vierter, , fis	fis vierter, ,	dritter, , cis	cis dritter, ,
fünfter, , e	e fünfter, ,	vierter, , h	h vierter, ,

(δ) Application für

Fis mol.		Cis mol.	
absteigend.	aufsteigend.	absteigend.	aufsteigend.
Zweyter Sin. fis	fis Zweyter Sin.	Zweyter Sin. cis	cis Zweyter Sing.
erster, , e	eis erster, ,	erster, , h	his erster, ,
zweyter, , d	dis zweyter, ,	zweyter, , a	ais zweyter, ,
dritter, , cis	cis dritter, ,	dritter, , gis	gis dritter, ,
erster, , h	h erster, ,	vierter, , fis	fis vierter, ,

Von der Fingersetzung. 39

zweyter Fing.	a	a	zweyter Fing.	erster Fing.	e	e	erster Fing.	
dritter,	,	gis	gis dritter,	,	zweyter,	,	dis	dis zweyter, ,
vierter,	,	fis	fis vierter,	,	dritter,	,	cis	cis dritter, ,
erster,	,	e	eis erster,	,	erster,	,	h	his erster, ,
zweyter,	,	d	dis zweyter,	,	zweyter,	,	a	ais zweyter, ,
dritter,	,	cis	cis dritter,	,	dritter,	,	gis	gis dritter, ,
erster,	,	h	h erster,	,	vierter,	,	fis	fis vierter, ,
zweyter,	,	a	a zweyter,	,	erster,	,	e	e erster, =
dritter,	,	gis	gis dritter,	,	zweyter,	,	dis	dis zweyter, ,
vierter,	,	fis	fis vierter,	,	dritter,	,	cis	cis dritter, ,

(s) Application für
F mol.

absteigend.			aufsteigend.	
Erster Finger,	f	f	Erster Finger.	
zweyter,	es	e	zweyter,	
dritter,	des	d	dritter,	
erster,	c	c	erster,	
zweyter,	b	b	zweyter,	
dritter,	as	as	dritter,	
erster,	g	g	vierter,	
zweyter,	f	f	erster,	
dritter,	es	e	zweyter,	
vierter,	des	d	dritter,	
erster,	c	c	erster,	
zweyter,	b	b	zweyter,	
dritter,	as	as	dritter,	
vierter,	g	g	vierter,	
fünfter,	f	f	fünfter,	

(ς) Application für

B mol.   Es mol.

absteigend.		aufsteigend.		absteigend.		aufsteigend.	
Zweyter Fin.	b	b Zweyter Fin.		Zweyter Fin.	es	es Zweyter Fin.	
dritter,	as	a dritter,	,	dritter,	des	d dritter,	,
vierter,	ges	g vierter,	,	erster,	ces	c erster,	,

Drittes Capitel.

erſter Fing.	f	f erſter Fing.	zweyter Fin.	b	b zweyter Fin.
zweyter,	es	es zweyter,	dritter,	as	as dritter,
dritter,	des	des dritter,	vierter,	ges	ges vierter,
erſter,	c	c erſter,	erſter,	f	f erſter,
zweyter,	b	b zweyter,	zweyter,	es	es zweyter,
dritter,	as	a dritter,	dritter,	des	d dritter,
vierter,	ges	g vierter,	erſter,	ces	c erſter,
erſter,	f	f erſter,	zweyter,	b	b zweyter,
zweyter,	es	es zweyter,	dritter,	as	as dritter,
dritter,	des	des dritter,	vierter,	ges	ges vierter,
erſter,	c	c erſter,	erſter,	f	f erſter,
zweyter,	b	b zweyter,	zweyter,	es	es zweyter,

(η) Application für

As mol.

abſteigend.			aufſteigend.	
Zweyter Finger,	as		as	Zweyter Finger,
dritter,		ges	g	erſter,
erſter,		fes	f	zweyter,
zweyter,		es	es	dritter,
dritter,		des	des	vierter,
erſter,		ces	ces	erſter,
zweyter,		b	b	zweyter,
dritter,		as	as	dritter,
vierter,		ges	g	erſter,
erſter,		fes	f	zweyter,
zweyter,		es	es	dritter,
dritter,		des	des	vierter,
erſter,		ces	ces	erſter,
zweyter,		b	b	zweyter,
dritter,		as	as	dritter,

§. 62.

Von der Fingersetzung.

§. 62.

Hier folgen noch einige gute Aplicationen, die, nach Beschaffenheit der Umstände, gebraucht werden können.

Erstlich für die rechte Hand auf- und absteigend.

(A)
Vierter Finger,	c	g	d	a	e
dritter,	h	fis	cis	gis	dis
zweyter,	a	e	h	fis	cis
erster,	g	d	a	e	h
vierter,	f	c	g	d	a
dritter,	e	h	fis	cis	gis
zweyter,	d	a	e	h	fis
erster,	c	g	d	a	e

Ingleichen in folgenden Molltönen.

mit voriger Application.
e	a	d	g	c
d (dis)	g (gis)	c (cis)	f (fis)	b (h)
c (cis)	f (fis)	b (h)	es (e)	as (a)
h	c	a	d	g
a	d	g	c	f
g	c	f	b	es
fis	h	e	a	d
e	a	d	g	c

(B)
Vierter Finger,	c		Vierter Finger,	c	
dritter,	h		dritter,	h	
zweyter,	a	im Absteigen allein.	vierter,	a	im Aufsteigen allein.
erster,	g		dritter,	g	
zweyter,	f		vierter,	f	
erster,	e		dritter,	e	
zweyter,	d		zweyter,	d	
erster,	c		erster,	c	

Drittes Capitel.

In der absteigenden Leiter ist die Abwechselung des ersten und zweyten, und in der aufsteigenden Leiter die Abwechselung des dritten und vierten Fingers das Augenmerk. Beyde Applicationen müssen, wenn man sie gebrauchet, ohne Verschränkung und Verwickelung der Finger geschehen; und da man nicht mit eben derselben Application allhier auf- und absteigen kann: so ist die eine mit der andern nicht zu vermischen.

(A) Zweytens für die linke Hand, auf- und absteigend.

Erster Finger,	c	g	d	a	e
zweyter,	ʼ	h	fis	cis	gis	dis
dritter,	ʼ	a	e	h	fis	cis
vierter,	ʼ	g	d	a	e	h
erster,	ʼ	f	c	g	d	a
zweyter,	ʼ	e	h	fis	cis	gis
dritter,	ʼ	d	a	e	h	fis
vierter,	ʼ	c	g	d	a	e

ingleichen in folgenden Molltönen.

e	a	d	g	c
d (dis)	g (gis)	c (cis)	f (fis)	b (h)
c (cis)	f (fis)	b (h)	es (e)	as (a)
h	e	a	d	g
a	d	g	c	f
g	c	f	b	es
fis	h	e	a	d
e	a	d	g	c

(B)

Erster Finger,	c		Erster Finger,	c	
zweyter,	ʼ	h		zweyter,	ʼ	h
dritter,	ʼ	a		erster,	ʼ	a
vierter,	ʼ	g	im Absteigen allein.	zweyter,	ʼ	g	im Aufsteigen allein.
dritter,	ʼ	f		erster,	ʼ	f
vierter,	ʼ	e		zweyter,	ʼ	e
dritter,	ʼ	d		dritter,	ʼ	d
vierter,	ʼ	c		vierter,	ʼ	c

Von der Fingersetzung.

In der absteigenden Leiter ist die Abwechselung des dritten und vierten, und in der aufsteigenden Leiter die Abwechselung des ersten und zweyten Fingers das Augenmerk. Beyde Applicationen müssen ohne Verschränkung und Verwickelung der Finger geschehen; und da man nicht mit eben derselben Application auf- und absteigen kann: so ist die eine mit der andern nicht zu vermischen.

§. 63.

Theils unbequeme, theils heßliche und ganz verwerfliche Applicationen sind z. E. folgende:

1) für die rechte Hand auf- und absteigend.

Dritter Finger,	c		Fünfter Finger,	c		Fünfter Finger,	c
zweyter,	, h		vierter,	, h		vierter,	, h
dritter,	, a		dritter,	, a		dritter,	, a
zweyter,	, g	NB.	zweyter,	, g	NB.	zweyter,	, g
dritter,	, f		vierter,	, f		fünfter,	, f
zweyter,	, e		dritter,	, e		vierter,	, e
dritter,	, d		zweyter,	, d		dritter,	, d
zweyter,	, c		erster,	, c		zweyter,	, c

ferner.

	Vierter Finger,	c		Fünfter Finger,	c
	dritter,	, h		vierter,	, h
	zweyter,	, a		fünfter,	, a
NB.	erster,	, g		vierter,	, g
	fünfter,	, f		fünfter,	, f
	vierter,	, e		vierter,	, e
	dritter,	, d		fünfter,	, d
	zweyter,	, c		vierter,	, c

und so weiter. Wer kann die garstigen Applicationen alle zählen?

Drittes Capitel.

2) Für die linke Hand, auf- und absteigend.

Zweyter Finger,	c		Erster Finger,	c		Zweyter Finger,	c
dritter,	‒	h	zweyter,	‒	h	dritter,	‒ h
zweyter,	‒	a	dritter,	‒	a	vierter,	‒ a
dritter,	‒	g	vierter,	‒	g	fünfter,	‒ g
zweyter,	‒	f	NB. zweyter,	‒	f NB.	zweyter,	‒ f
dritter,	‒	e	dritter,	‒	e	dritter,	‒ e
zweyter,	‒	d	vierter,	‒	d	vierter,	‒ d
dritter,	‒	c	fünfter,	‒	c	fünfter,	‒ c

ferner:

	Zweyter Finger,	c		Vierter Finger,	c
	dritter,	b		fünfter,	h
	vierter,	a		vierter,	a
NB.	fünfter,	g		fünfter,	g
	erster,	f		vierter,	f
	zweyter,	e		fünfter,	e
	dritter,	d		vierter,	d
	vierter,	c		fünfter,	c

und so weiter.

Alle diese Applicationen taugen nicht.

§. 64.

Die springenden einstimmigen Gänge entlehnen ihre Application aus den zwey-, drey- und vierstimmigen Sätzen, von welchen wir jetzo handeln wollen.

Erstlich von zweystimmigen Sätzen
(a) für die rechte Hand.

Secunden.	{ a dritter Finger.	item vierter Finger.
	g zweyter, ‒	dritter, ‒
Terzen.	{ a dritter Finger.	item vierter Finger.
	f erster, ‒	zweyter, ‒
Quarten.	{ a vierter Finger.	item fünfter Finger.
	e erster, ‒	zweyter, ‒

Von der Fingersetzung.

Quinten. { a vierter Finger. it. fünfter Finger. it. fünfter Finger.
          { d erster,   erster   zweyter,

Sexten. { a vierter Finger. it. fünfter Finger. it. fünfter Finger.
         { c erster,   erster,   zweyter,

Septimen. { a fünfter Finger.
          { h erster,

Octaven. { a fünfter Finger.
         { a erster,

Mehrere im Fall der Noth nöthigen Aplicationen einer Secunde, Terz, Quarte, Quinte, Sexte und Septime, sind aus den drey- und vierstimmigen Sätzen zu erlernen.

(b) Für die linke Hand.

Secunden. { a erster Finger.   item zweyter Finger.
          { g zweyter,   dritter,

Terzen. { a erster Finger.   item zweyter Finger.
        { f dritter,   vierter,

Quarten. { a erster Finger.   item zweyter Finger.
         { e vierter,   fünfter,

Quinten. { a erster Finger. it. erster Finger. it. zweyter Finger.
         { d vierter,   fünfter,   fünfter,

Sexten. { a erster Finger. it. erster Finger. it. zweyter Finger.
        { c vierter,   fünfter,   fünfter,

Septimen. { a erster Finger.
          { h fünfter,

Octaven. { a erster Finger.
         { a fünfter

Mehrere im Fall der Noth nöthige Applicationen einer Secunde, Terz, Quarte, Quinte, Sexte und Septime, sind aus den drey- und vierstimmigen Sätzen zu erlernen.

Drittes Capitel.

Zweytens von dreystimmigen Sätzen.
(a) für die rechte Hand.

(*)
in dem Umfang einer
Quarte.
$\begin{cases} g & \text{fünfter Finger.} \\ e & \text{dritter,} \\ d & \text{zweyter,} \end{cases}$ item vierter Finger.
zweyter, ,
erster, ,

ferner:
$\begin{cases} g & \text{vierter Finger.} \\ f & \text{dritter,} \\ d & \text{erster,} \end{cases}$ item fünfter Finger.
vierter, ,
zweyter, ,

(*)
in dem Umfang
einer Quinte.
$\begin{cases} g & \text{fünfter Fing.} \\ e\,(es) & \text{dritter,} \\ c & \text{erster,} \end{cases}$ it. vierter Fing.   it. fünfter Fing.
zweyter, ,   vierter, ,
erster, ,   zweyter, ,

Die Position mit dem kleinen, dritten und zweyten Finger auf einem Terzenweise von einander stehenden dreystimmigen Satze ist falsch.

ferner:
$\begin{cases} g & \text{fünfter Fing.} \\ f & \text{vierter,} \\ c & \text{erster,} \end{cases}$ it. vierter Fing.   selten fünfter Fing.
dritter, ,   vierter, ,
erster, ,   zweyter, ,

ferner:
$\begin{cases} g & \text{fünfter Fing.} \\ d & \text{dritter,} \\ c & \text{zweyter,} \end{cases}$ selten fünfter Fing.   it. fünfter Fing.
zweyter, ,   dritter, ,
erster, ,   erster, ,

(*)
in dem Umfang
einer Sexte.
$\begin{cases} a & \text{fünfter Fing.} \\ f & \text{dritter,} \\ c & \text{erster,} \end{cases}$ it. vierter Fing.   selten fünfter Fing.
zweyter, ,   vierter, ,
erster, ,   zweyter, ,

ferner:
$\begin{cases} a & \text{fünfter Fing.} \\ e & \text{dritter,} \\ c & \text{erster,} \end{cases}$ it. fünfter Fing.   it. fünfter Fing.
dritter, ,   zweyter, ,
zweyter, ,   erster, ,

ferner:
$\begin{cases} a & \text{fünfter Fing.} \\ g & \text{vierter,} \\ c & \text{erster,} \end{cases}$ $\begin{cases} a & \text{fünfter Fing.} \\ d & \text{dritter,} \\ c & \text{zweyter,} \end{cases}$ selten fünfter Fing.
zweyter, ,
erster, ,

Von der Fingersetzung. 47

Die Position mit dem zweyten, dritten und kleinen Finger in solchem dreystimmigen Satze, wo die mittlere gegen die unterste eine Quarte, und gegen die oberste eine Terz machet, z. E. in $\begin{Bmatrix} a \\ f \\ c \end{Bmatrix}$ ist falsch und verwerflich.

(*)
in dem Umfang einer Septime. $\begin{Bmatrix} \text{c fünfter Finger.} \\ \text{a viert. oder dritt.} \\ \text{d erster Finger.} \end{Bmatrix}$ $\begin{Bmatrix} \text{c fünfter Fing.} \\ \text{g dritter, ,} \\ \text{d erster, ,} \end{Bmatrix}$ $\begin{Bmatrix} \text{c fünfter Fing.} \\ \text{f zweyter, ,} \\ \text{d erster, ,} \end{Bmatrix}$

(*)
in dem Umfang einer Octave. $\begin{Bmatrix} \text{c fünfter Fing.} \\ \text{b vierter, ,} \\ \text{c erster, ,} \end{Bmatrix}$ $\begin{Bmatrix} \text{c fünfter Fing.} \\ \text{a vierter, ,} \\ \text{c erster, ,} \end{Bmatrix}$ $\begin{Bmatrix} \text{c fünfter Fing.} \\ \text{g dritter, ,} \\ \text{c erster, ,} \end{Bmatrix}$

ferner:

$\begin{Bmatrix} \text{c fünfter Finger.} \\ \text{f zweyter, ,} \\ \text{c erster, ,} \end{Bmatrix}$ $\begin{Bmatrix} \text{c fünfter Finger.} \\ \text{e zweyter, ,} \\ \text{c erster, ,} \end{Bmatrix}$

(b) für die linke Hand.

(*)
in dem Umfang einer Quarte. $\begin{Bmatrix} \text{g erster Finger.} \\ \text{f zweyter, ,} \\ \text{d vierter, ,} \end{Bmatrix}$ selten zweyter Finger. dritter, , fünfter, ,

ferner:

$\begin{Bmatrix} \text{g erster Finger.} \\ \text{e dritter, ,} \\ \text{d vierter, ,} \end{Bmatrix}$ item erster Finger. zweyter, , dritter,

(*)
in dem Umfang einer Quinte. $\begin{Bmatrix} \text{g erster Finger.} \\ \text{e zweyter, ,} \\ \text{c vierter, ,} \end{Bmatrix}$ it. erster Fing. dritter, , fünfter, , it. zweyter Fing. vierter, , fünfter, ,

Die Position mit dem zweyten, dritten und kleinen Finger auf dem vorhergehenden, Terzenweise abgetheilten, Satze ist falsch.

ferner:

$\begin{Bmatrix} \text{g erster Finger.} \\ \text{f zweyter, ,} \\ \text{c fünfter, ,} \end{Bmatrix}$ item zweyter Finger. dritter, , fünfter, ,

Drittes Capitel.

ferner:

{ g erster Finger.   item erster Finger.
{ d dritter,   =   zweyter,   =
{ c vierter,   =   dritter,   =

(*)
in dem Umfang
einer Sexte.
{ a erster Fing.   it. erster Fing.   selten zweyter Fing.
{ f zweyter, =   dritter,   =   vierter,   =
{ c fünfter, =   fünfter,   =   fünfter,   =

ferner:

{ a erster Finger.   it. erster Finger.   it. erster Finger,
{ e dritter,   =   zweyter,   =   vierter,   =
{ c fünfter,   =   vierter,   =   ünfter,   =

ferner:

{ a erster Finger.   { a erster Fing.   item erster Fing.
{ g zweyter,   =   { d dritter,   =   vierter,   =
{ c fünfter,   =   { c vierter,   =   fünfter,   =

(*)
in dem Umfang
einer Septime.
{ f erster Fing.   { f erster Fing.   selten erst.r Fing.
{ d zweyter,   =   { c dritter,   =   zweyter,   =
{ g fünfter,   =   { g fünfter,   =   fünfter,   =

ferner:

{ f erster Finger.   item erster Finger.
{ h vierter,   =   dritter,   =
{ g fünfter,   =   fünfter,   =

(*)
in dem Umfang
einer Octave.
{ g erster Fing.   { g erster Fing.   { g erster Fing.
{ f zweyter,   =   { e zweyter,   =   { d zweyter,   =
{ g fünfter,   =   { g fünfter,   =   { g fünfter,   =

ferner:

{ g erster Finger.   { g erster Finger.
{ c dritter,   =   { h vierter,   =
{ g fünfter,   =   { g fünfter,   =

Drit-

Von der Fingersetzung.

Drittens, von vierstimmigen Sätzen.
(a) für die rechte Hand.

(*) in dem Umfang einer Quinte.
{ a fünfter Finger.
  g vierter, ,
  e zweyter, ,
  d erster,   , }

(*) in dem Umfang einer Sexte.
{ a fünfter Finger.
  g vierter,   ,
  d zweyter,   ,
  c erster,   , }
{ a fünfter Finger.
  g vierter,   ,
  e zweyter,   ,
  c erster,   , }

ferner:
{ a fünfter Finger.
  f dritter,   ,
  e zweyter,   ,
  c erster,   , }
{ a fünfter Finger.
  f vierter,   ,
  d zweyter,   ,
  c erster,   , }

(*) in dem Umfang einer Septime.
{ c fünfter Fing.
  a vierter,   ,
  f zweyter,   ,
  d erster,   , }
{ c fünfter Fing.
  a vierter,   ,
  g dritter,   ,
  d erster,   , }
{ c fünfter Fing.
  g dritter,   ,
  f zweyter,   ,
  d erster,   , }

(*) in dem Umfang einer Octave.
{ c fünfter Finger.
  g dritter,   ,
  e zweyter,   ,
  c erster,   , }
{ c fünfter Finger.
  a vierter,   ,
  f zweyter,   ,
  c erster,   , }

ferner:
{ c fünfter Finger.
  a vierter,   ,
  e zweyter,   ,
  c erster,   , }
{ c fünfter Finger.
  g dritter,   ,
  f zweyter,   ,
  c erster,   , }

(b) für die linke Hand.

(*) in dem Umfang einer Quinte.
{ g erster Finger.
  f zweyter, ,
  d vierter, ,
  c fünfter, , }

Drittes Capitel.

(*) in dem Umfang einer Sexte.
- a erster Finger.
- f zweyter,
- d vierter,
- c fünfter,

- a erster Finger.
- f zweyter,
- e dritter,
- c fünfter,

ferner:

- a erster Finger.
- g zweyter,
- e vierter,
- c fünfter,

- a erster Finger.
- g zweyter,
- d vierter,
- c fünfter,

(*) in dem Umfang einer Septime.
- c erster Finger.
- a zweyter,
- f vierter,
- d fünfter,

- c erster Finger.
- a zweyter,
- g dritter,
- d fünfter,

ferner:

- c erster Finger. it. erster Finger.
- g zweyter, dritter,
- f dritter, vierter,
- d fünfter, fünfter,

(*) in dem Umfang einer Octave.
- c erster Finger.
- g zweyter,
- e vierter,
- c fünfter,

- c erster Finger.
- a zweyter,
- f vierter,
- c fünfter,

ferner:

- c erster Finger.
- a zweyter,
- e vierter,
- c fünfter,

- c erster Finger.
- g zweyter,
- f dritter,
- c fünfter,

§. 65.

Ein Schwärmer, d. i. eine Paßage, da eben dieselbe Note in geschwinder Bewegung öfters hintereinander wiederholet wird, z. E. ggggpggg, wird mit abwechselndem ersten und zweyten, oder zweyten und dritten Finger, an jeder Hand gemacht.

E N D E.

Die Kunst das Clavier zu spielen.

Zweyter Theil,
worinnen die Lehre vom Accompagnement
abgehandelt wird.

Von dem Verfasser
des kritischen Musicus an der Spree.

Berlin,
bey Haude und Spener,
Königl. und der Academie der Wissenschaften privilegirten Buchhändlern,
1761.

Vorbericht.

Ich bin von verschiedenen Oertern her ersuchet worden, die Kunst das Clavier zu spielen, mit einem zweyten Theile zu vermehren, und darinnen die Lehre vom Accompagnement, so kurz und deutlich als möglich, abzuhandeln. Ich habe dem Antrag meiner Freunde Gehör gegeben, und wünsche, daß meine Arbeit ihres Beyfalls nicht unwürdig seyn möge. Der Augenschein giebt es, daß ich bey selbiger den Anfänger des Accompagnements zum Hauptaugenmerke gehabt habe. Er wird alles zu dieser Kunst gehörige nöthige, ohne die geringste Weitläuftigkeit, darinnen vorgetragen finden, und kann sich sogar, ohne Beyhülfe eines mündlichen Unterrichts, dieses Werkchens bedienen. Ich wünsche ihm Zeit und Lust zu seinem Unternehmen, und empfehle meine Bemühungen dem fernern geneigten Wohlwollen des Publici. Berlin, den 24. März, 1761.

Inhalt.

Inhalt.

Vorbereitung §. 1 — 4.

Erstes Hauptstück.

Istes Capitel. Von den Intervallen im Accompagnement, §. 5 — 19.
IItes Capitel. Von den Accorden im Accompagnement, §. 20 — 36.
   Erster Absatz. Vom Dreyklang, §. 21 — 24.
   Zweyter Absatz. Von den Septimenaccorden, §. 25 — 28.
   Dritter Absatz. Von den Nonenaccorden, §. 29 — 31.
   Vierter Absatz. Von den Undecimenaccorden, §. 32 — 34.
   Fünfter Absatz. Vom Terzdecimenaccord, §. 35 — 37.
IIItes Capitel. Von der Fortschreitung der Consonanzen. §. 38 — 39.
IVtes Capitel. Von der Fortschreitung der Dissonanzen. §. 40 — 45.
Vtes Capitel. Zur Uebung des grossen Dreyklangs, und der davon abstammenden Sätze. §. 46 — 50.
VItes Capitel. Zur Uebung des kleinen harmonischen Dreyklangs, und der davon abstammenden Sätze. §. 51 — 53.
VIItes Capitel. Zur Uebung in vermischten Dreyklängen. §. 53.
VIIItes Capitel. Zur Uebung in vermischten Dreyklängen, Serten- und Sertquartenaccorden. §. 53.
IXtes Capitel. Zur Uebung des Septimenaccords, und der davon abstammenden Sätze. §. 54.
Xtes Capitel. Zur Uebung des Nonenaccords. §. 55.
XItes Capitel. Zur Uebung des Undecimenaccords. §. 56.
XIItes Capitel. Zur Uebung des Terzdecimenaccords. §. 57.
XIIItes Capitel. Zur Uebung in allerhand Arten von Accorden. §. 58.

Zweytes Hauptstück.

Ites Capitel. Von der Bezifferung der Accorde. §. 1 — 18.
IItes Capitel. Welches allerhand vermischte Anmerkungen enthält. §. 19 — 37.
IIItes Capitel. Von der Aufhaltung der Auflösung, und der Versetzung der Harmonie vor der Auflösung. §. 38 — 39.
IVtes Capitel. Von dem unvorbereiteten Anschlage der Dissonanzen in der freyen Schreibart. §. 39 — 42.
Vtes Capitel. Vom Sitze gewisser Accorde. §. 43 — 48.
VItes Capitel. Von der Ausweichung aus einem Ton in den andern, oder der Modulation. §. 49 — 55.
VIItes Capitel. Vom getheilten Accompagnement. §. 57 — 60.

Vorbereitung.

§. 1.

In einer jeden musikalischen Composition, sie sey von welcher Art sie wolle, liegt eine einzige gewisse Reihe von Accorden zum Grunde. Wenn diese Reihe von Accorden aus dem musikalischen Aufsatze ausgezogen, und über der tiefsten oder der Baßstimme des Aufsatzes, durch Ziffern und einige andere Characters angezeiget wird: so entsteht daher der sogenannte Generalbaß, dessen practische Ausübung insgemein Accompagnement genennet wird, und welches Accompagnement nicht allein auf allen Clavierinstrumenten, z. E. auf der Orgel, und dem Flügel, sondern auch auf jedem andern tiefern Instrumente, worauf man vielstimmig spielen kann, z. E. auf der Harfe und Theorbe, ꝛc. möglich ist.

§. 2.

Kein Schüler der Tonkunst kann zur Erlernung des Accompagnements gelassen werden, der sich nicht genugsame Zeit vorher auf demjenigen Instrumente, worauf er accompagniren lernen will, in Handstücken

cken geübet hat. Er muß der wahren Application in beyden Händen mächtig seyn; er muß eine vorgegebene Baßstimme richtig und fertig, und nach dem Tact abspielen können; und die Lehre von den beyden Tonarten, und der zwölffachen Versetzung einer jeden, und der dazu gehörigen Vorzeichnung muß ihm gehörig bekannt seyn. Man findet von allem diesen hinlängliche Nachricht in meiner Anleitung zum Clavierspielen ꝛc. wohin ich den Leser verweise.

§. 3.

Das Clavieraccompagnement wird in das gemeine, getheilte und vermischte Accompagnement unterschieden. In dem gemeinen schlägt die linke Hand nichts mehr, als die einfache Baßnoten an, und überläßet der Rechten die dazu gehörigen Stimmen zu greifen. In dem getheilten nimmt insgemein eine Hand so viele Stimmen, als die andere. Diese Art zu accompagniren ist, bey Abspielung eines Generalbasses, nicht mit gleicher Bequemlichkeit in allen Fällen zu gebrauchen. Aus der Vermischung des gemeinen und getheilten Accompagnements entsteht das vermischte Accompagnement. Jeder Schüler des Generalbasses muß mit dem gemeinen Accompagnement den Anfang machen.

§. 4.

Jedes Accompagnement hat es entweder mit bloßen Hauptnoten, oder mit vermischten Haupt- und Nebennoten zu thun. Alle Uebungsexempel müssen im Anfang dergestalt eingerichtet werden, daß so viele Noten, so viele Griffe darinnen vorkommen, und alle durchgehende und Wechselnoten wegbleiben.

Erstes Hauptstück.

Erstes Capitel.

Von den Intervallen im Accompagnement.

§. 5.

Der Raum oder Unterschied von einem Ton zum andern, z. E. von c zu cis, von c zu d, u. s. w. heißt ein Intervall.

§. 6

I. Hauptstück. Erstes Capitel.

§. 6.
Das allerkleinste Intervall heißt ein halber Ton, z. E. von c zu cis, oder von g zu as.

§. 7.
Der halbe Ton ist entweder groß oder klein;

groß, wenn er auf zweyerley Stuffen entsteht, das ist, von einer Linie zum Spatio, oder von einem Spatio zur Linie, z. E. e f, h c, und so weiter.

klein, wenn er auf eben derselben Stuffe entsteht, das ist auf eben demselben Spatio, oder eben derselben Linie, z. E. g gis, c cis, u. s. w.

Man kann diesen Unterschied so fort aus den Nahmen der beyden Töne, die den halben Ton formiren, beurtheilen. Zum Exempel aus d entsteht dis, und aus e hingegen es, wie aus dem ersten Theile dieses Werks bekannt ist. Wenn nun die, der Benennung nach verwandten, nächsten Töne einen kleinen halben Ton formiren: so ist leicht zu sehen, daß d und dis einen kleinen halben Ton machen; aber nicht d und es, ohngeachtet dis und es auf einerley Tasten gegriffen werden; und eben so ist es mit andern Intervallen dieser Art bewandt. Ein Anfänger braucht sich nicht in eine tiefere Untersuchung dieser Materie einzulassen.

§. 8.
Zween halbe Töne, nemlich ein großer und kleiner, machen einen ganzen Ton aus. So ist z. E. von c zu d ein ganzer Ton; und die beyden halben Töne sind der kleine halbe Ton c cis, und der große cis d; oder der große c des, und der kleine des d.

§. 9.
Wir wißen schon aus meiner Anleitung zum Clavierspielen, daß

1) Wenn eine Note oder ein Ton mit einem andern Ton aus eben derselben Stuffe verglichen wird, solches ein Einklang, oder besser eine Prime heißt, z. E. c c.

2) Daß ein Intervall von zwo Stuffen eine Secunde genennet wird, z. E. c d.

3) Daß

I. Hauptstück. Erstes Capitel.

3) Daß ein Intervall von drey Stuffen eine Terz heißet, zum Exempel c e.
4) Daß ein Intervall von vier Stuffen eine Quarte genennet wird, z. E. c f.
5) Daß ein Intervall von fünf Stuffen eine Quinte heißt, zum Exempel c g.
6) Daß ein Intervall von sechs Stuffen eine Sexte heißt, zum Exempel c a.
7) Daß ein Intervall von sieben Stuffen eine Septime heißt, z. E. c h.
8) Daß ein Intervall von acht Stuffen eine Octave heißt, zum Exempel C c.

§. 10.

Man merke anitzo, daß alle nur mögliche Intervallen in dem Raum oder Bezirk einer Octave enthalten sind, und daß alle Töne, die diesen Bezirk überschreiten, nichts als um eine, zwo oder mehrere Octaven erhöhte Intervalle sind. So macht zum Exempel das d aus der kleinen Octave gegen das große C eine um eine Octave erhöhte Secunde; das e aus der kleinen Octave gegen das große C eine um eine Octave erhöhte Terz, und so weiter. So macht ferner das d aus der eingestrichenen Octave gegen das große C eine um zwo Octaven erhöhte Secunde; und das eingestrichne e gegen das große C eine um zwo Octaven erhöhte Terz, und so weiter. Indeßen ist gleichwohl in Ansehung der Secunde, Quarte, und Sexte eine Ausnahme zu beobachten, indem selbige in gewißen Fällen, die an ihrem Orte vorkommen werden, die Benennung einer None, Undecime und Terzdecime erhalten, und alsdenn von der eigentlichen Secunde, Quarte und Sexte unterschieden werden müßen.

§. 11.

Daß die Intervallen alle steigend, von dem tiefern Ton zum höhern, das ist, von der linken Hand gegen die rechte abgezählet werden, wofern man sich nicht ausdrücklich über das Gegentheil erkläret, ist jedem vom Anfange des Clavierspielens bekannt. So muß, z. E. auf die Frage: welches die Terz von c ist? geantwortet werden, daß es e ist; nicht aber a; ausgenommen wenn man fragt, welches die absteigende Terz von c ist; und so in ähnlichen Fällen.

§. 12.

Um die größern Intervallen mit leichter Mühe finden zu lernen, muß man sich mit der Umkehrung der Intervallen bekannt machen. Vermittelst dieser Umkehrung, die man sich aus folgender Zahlentabelle deutlich machen kann:

1	2	3	4	5	6	7	8
8	7	6	5	4	3	2	1

wird die Prime zur Octave, die Secunde zur Septime, die Terz zur Sexte, die Quarte zur Quinte, die Quinte zur Quarte, die Sexte zur Terz, die Septime zur Secunde, und die Octave zur Prime. Zum Exempel die Töne c d machen eine Secunde; hingegen d c eine Septime. Die Töne c e machen eine Terz; hingegen e c eine Sexte, und so weiter. Wenn man also die Septime von c sucht, so darf man sich nur die absteigende Secunde h vorstellen, und dieses h hernach eine Octave höher nehmen. Will man die Sexte von c haben: so stelle man die absteigende Terz a eine Octave höher, so hat man die Sexte, u. s. w.

§. 13.

Wir haben die Intervallen überhaupt kennen gelernet. Wir müssen sie itzo besonders untersuchen, und merken, wie ein jedes Intervall eingetheilt wird. Man sehe folgende Tabelle:

(1) Die Prime wird eingetheilt

   1) in die vollkommne, schlechtweg Einklang, wennn die beyden gegen einander verglichnen Töne von gleicher Höhe oder Tiefe sind, z. E. c c.

   2) in die übermäßige, wenn die beyden Töne einen kleinen halben Ton gegen einander machen, z. E. c cis.

I. Hauptſtück. Erſtes Capitel.

(II) Die Secunde wird eingetheilt

1) in die kleine, wenn die beyden Töne einen großen halben Ton betragen, z. E. cis d.

2) in die große, wenn die beyden Töne einen ganzen Ton machen, z. E. c d.

3) in die übermäßige, wenn der Raum einen ganzen Ton, und einen kleinen halben Ton beträgt, z. E. c dis. Die Töne c d machen den ganzen, und d dis den kleinen halben Ton.

(III) Die Terz wird eingetheilt

1) in die verminderte, wenn der Raum zween große halbe Töne beträgt, z. E. cis es.

2) in die kleine, wenn der Raum einen ganzen Ton, und einen großen halben beträgt, z. E. c es.

3) in die große, wenn der Raum zween ganze Töne enthält, z. E. c e.

4) in die übermäßige, wenn der Raum zween ganze Töne, und einen kleinen halben Ton enthält, z. E. b dis.

(IV) Die Quarte wird eingetheilt

1) in die verminderte, wenn ein ganzer, und zween große halbe Töne zusammengeſetzt werden, z. E. cis f.

2) in die vollkommne, wenn das Intervall zween ganze, und einen großen halben Ton beträgt, z. E. c f.

3) in die übermäßige, wenn das Intervall drey ganze Töne enthält, z. E. c fis.

(V) Die

I. Hauptſtück. Erſtes Capitel:

(V.) Die Quinte wird eingetheilt

  1) in die verminderte, wenn zween ganze, und zween große halbe Töne zuſammengeſetzt werden, z. E. h f.

  2) in die vollkommne, wenn der Raum drey ganze, und einen großen halben Ton enthält, z. E. c g.

  3) in die übermäßige, wenn der Raum vier ganze Töne enthält, z. E. c gis.

(VI) Die Sexte wird eingetheilt

  1) in die verminderte, welche zween ganze, und drey große halbe Töne enthält, z. E. dis b.

  2) in die kleine, welche drey ganze und zween große halbe Töne enthält, z. E. h g.

  3) in die große, welche vier ganze und einen großen halben Ton enthält, z. E. b g.

  4) in die übermäßige, welche fünf ganze Töne enthält, z. E. b gis.

(VII) Die Septime wird eingetheilt

  1) in die verminderte, wenn der Raum drey ganze Töne, und drey große halbe beträgt, z. E. cis b.

  2) in die kleine, wenn der Raum vier ganze, und zween große halbe Töne beträgt, z. E. c b.

  3) in die große, wenn der Raum fünf ganze, und einen großen halben Ton beträgt, als c h.

(VIII) Die Octave wird eingetheilt

  1) in die verminderte, wenn das Intervall vier ganze, und drey große halbe Töne enthält, z. E. Cis c.

I. Hauptstück. Erstes Capitel.

2) in die vollkommne, wenn das Intervall fünf ganze und zween große halbe Töne enthält, z. E. C c.

§. 14.

Alle diese verschiedne Arten von Intervallen muß sich ein Schüler des Accompagnements nach und nach bekannt machen; erstlich die vollkommne Octaven, vollkommne Quinten und vollkommne Quarten; ferner die große und kleine Terzen, und deren Repliken, die kleine und große Sexten; hernach die falsche Quinten und übermäßige Quarten; ingleichen die kleine und große Septimen, und deren Repliken, die große und kleine Secunden; und endlich den Rest; nicht alles auf einmahl, welches Verwirrung anrichten würde.

§. 15.

Jedes Intervall beruhigt entweder das Gehör völlig, oder nicht. Ein Intervall, welches das Gehör völlig beruhigt, heißt ein consonirendes Intervall, oder eine Consonanz; und ein Intervall, welches das Gemüth in eine Art von Unruh zu versetzen fähig ist, aus welcher es sich zu befreyen wünschet, heißt ein dißonirendes Intervall, oder eine Dißonanz.

§. 16.

Consonanzen sind
   1) die vollkommne **Prime,** oder der **Einklang.**
   2) die vollkommne Octave.
   3) die vollkommne Quinte.
   4) die große Terz.
   5) die kleine Terz.
   6) die kleine Sexte.
   7) die große Sexte.

§. 17.

Dißonanzen sind
   1) die übermäßige Prime.
   2) die kleine Secunde.

3) die

I. Hauptstück. Erstes Capitel.

3) Die grosse Secunde.
4) Die übermäßige Secunde.
5) Die verminderte Terz.
6) Die übermäßige Terz.
7) Die verminderte Quarte.
8) Die vollkommne Quarte, wenn sie gegen den Baß steht; gewiße Fälle ausgenommen, die bald werden angezeigt werden.
9) Die übermäßige Quarte.
10) Die verminderte Quinte.
11) Die übermäßige Quinte.
12) Die verminderte Sexte.
13) Die übermäßige Sexte.
14) Die verminderte Septime.
15) Die kleine Septime.
16) Die grosse Septime.
17) Die verminderte Octave.

§. 18.

Die Consonanzen werden in vollkommne und unvollkommne unterschieden. Die vollkommnen sind die Octave und Quinte; die unvollkommnen, die beyden Terzen und Sexten. Dieser Unterscheid ist von Wichtigkeit, wie man in der Folge sehen wird.

§. 19.

Wenn zween Töne übereinander gesetzet werden, so entsteht ein harmonisches Intervall; und wenn zwey und mehrere Intervallen übereinander gesetzet werden: so entstehet ein Accord. Eine Reihe von Accorden heißt eine Harmonie, so wie eine Reihe von einfachen Tönen, die hinter einander folgen, Melodie genennet wird.

Zweytes Capitel.
Von den Accorden im Accompagnement.

§. 20.

Es giebt fünferley Hauptarten von Accorden, als
1) Dreyklänge; 2) Septimenaccorde; 3) Nonenaccorde; 4) Undecimenaccorde, und 5) Terzdecimenaccorde.

Erster Absatz.
Vom Dreyklang.

§. 21.

Der Dreyklang besteht aus der Terz und Quinte, wozu man die Octave thut, um ihn vierstimmig zu machen, z. E. c e g, und mit der Octave c e g c.

§. 22.

Derselbe ist viererley, als
1) groß oder hart, z. E. c e g.
2) klein oder weich, z. E. a c e.
3) klein und vermindert, als h d f. (Insgemein weicher verminderter Dreyklang.)
4) groß und übermäßig, als c e gis. (Insgemein harter übermäßiger Dreyklang.)

§. 23.

Jeder Dreyklang ist einer zweyfachen Umkehrung fähig.

Die erste Umkehrung, vermittelst welcher die Terz des Dreyklangs in den Baß gestellt wird, giebet einen aus der Terz und Sexte bestehenden Sextenaccord. So wird z. E. der Accord c e g c, wenn die Terz e in den Baß gestellt wird, zum Sextensatze e g c e.

Die zweyte Umkehrung, vermittelst welcher die Quinte des Dreyklangs in den Baß gestellet wird, giebet einen aus der Quarte und Sexte bestehenden Sextquartenaccord. So wird

wird z. E. der Accord c e g c, wenn die Quinte g in den Baß gestellt wird, zum Sextquartensatze g c e g. Die Quarte allhier ist eine Dißonanz.

§. 24.

Von den viererley bemerkten Dreyklängen sind zween consonirend, nemlich der harte c e g und der weiche a c e; und zween dißonirend, nemlich der weiche verminderte, h d f; und der harte übermäßige, z. E. c e gis.

Zweyter Absatz.
Von den Septimenaccorden.

§. 25.

Der Septimenaccord entsteht aus dem Dreyklange, wenn demselben eine Septime hinzugefüget wird; und derselbe besteht also aus der Terz, Quinte und Septime, z. E. c e g h.

§. 26.

Wenn die Septime in einem Septimenaccorde groß ist: so heißt selbiger ein grosser Septimenaccord, z. E. c e g h. Wenn die Septime darinnen klein ist, so heißt er ein kleiner Septimenaccord, z. E. d f a c, oder g h d f. Wenn die Septime vermindert ist: so heißt er ein verminderter Septimenaccord, z. E. gis h d f.

§. 27.

Jeder Septimenaccord ist einer dreyfachen Umkehrung fähig.

Die erste Umkehrung, vermittelst welcher die Terz des Septimenaccords in den Baß gestellt wird, giebet einen aus der Terz, Quinte und Sexte bestehenden Sextquintenaccord. So wird z. E. der Accord g h d f, wenn die Terz h in den Baß gestellt wird, zum Sextquintensatze h d f g.

Die zweyte Umkehrung, vermittelst welcher die Quinte des Septimenaccords in den Baß gestellt wird, giebt einen aus der Terz, Quarte und Sexte bestehenden Terzquartenaccord. So wird z. E. der Accord g h d f, wenn die Quinte d in den Baß gestellt wird, zum Terzquartensatze d f g h. Hier wird die Quarte als eine Consonanz betrachtet.

Die dritte Umkehrung, vermittelst welcher der Septimensatz auf den Kopf gestellt wird, giebe einen aus der Secunde, Quarte und Sexte bestehenden Secundenaccord, z. E. f g h d. aus g h d f. Hier wird die Quarte als eine Consonanz betrachtet.

§. 28.

Alle Septimensätze und ihre Umkehrungen sind dissonirende Sätze.

Dritter Absatz.
Von den Nonenaccorden.

§. 29.

Der Nonenaccord entsteht, wenn einem Septimenaccord unterwärts ein neuer Ton, in der Entfernung einer Terz, hinzugefüget wird. Wenn man z. E. dem Septimenaccorde g h d f, den Ton e unterwärts hinzuthut: so entsteht der aus der Terz, Quinte, Septime und None bestehende Nonensatz e g h d f.

§. 30.

In dem gewöhnlichen Accompagnement bleibt allezeit ein Ton aus dem Nonensatze weg, und wird er nur allezeit vierstimmig ausgeübet. Der wegbleibende Ton ist entweder die Septime, Quinte oder Terz, nachdem es die Umstände geben.

§. 31.

Obgleich die None auf den Tasten der Secunde gegriffen wird: so muß dennoch zwischen beyden ein Unterschied gemachet werden, weil sie auf verschiedene Art begleitet, und anders präparirt und resolvirt werden, wie die Folge zeigen wird.

Vierter Absatz.
Von den Undecimenaccorden.

§. 32.

Der Undecimenaccord entsteht, wenn einem Septimenaccord unterwärts ein neuer Ton, in der Entfernung einer Quinte, hinzugefügt wird. Wenn man z. E. dem Septimenaccorde g h d f, den Ton c unter-

unterwärts hinzuthut: so entsteht der aus der Quinte, Septime, None und Undecime bestehende Undecimensatz c g h d f. Die Undecime ist eine Dißonanz.

§. 33.

In dem gewöhnlichen Accompagnement bleibt allezeit ein Ton aus dem Undecimenaccorde weg, ja oft ihrer zween. Wenn die Septime und None ausgelaßen werden, und nichts als die Undecime und Quinte übrig bleibt: so wird er insgemein Quintquartenaccord genennet; z. E. c g f. Wenn der Quintquartenaccord umgekehrt, und die Quarte in den Baß gestellet wird: so entsteht ein aus der Quinte und Secunde bestehender Quintsecundenaccord, z. E. f g c.

§. 34.

Ob die Undecime gleich auf den Tasten der Quarte gegriffen wird: so muß dennoch zwischen beyden ein Unterscheid gemacht werden, weil sie auf verschiedne Art begleitet werden, und auch sonsten in ihrem Tractamente unterschieden sind.

Fünfter Absatz.
Vom Terzdecimenaccord.

§. 35.

Der Terzdecimenaccord entsteht, wenn einem Septimenaccorde unterwärts ein neuer Ton, in der Entfernung einer Septime, hinzugefügt wird. Wenn man z. E. dem verminderten Septimensatze gis h d f, den Ton a unterwärts hinzuthut: so entsteht der aus der Septime, None, Undecime und Terzdecime bestehende Terzdecimensatz a gis h d f.

§. 36.

In dem gewöhnlichen Accompagnement bleibt allezeit ein Ton aus dem Terzdecimenaccorde weg, nemlich entweder die Septime, oder die None, oder die Undecime.

I. Hauptstück. Drittes Capitel.

§. 37.

Ob die Terzdecime gleich auf den Tasten der Sexte gegriffen wird, so muß dennoch zwischen beyden ein Unterschied gemacht werden, weil sie sowohl in der Begleitung, als im Tractamente unterschieden sind. Alles dieses wird in der Folge deutlicher werden.

Drittes Capitel.
Von der Fortschreitung der Consonanzen.

§. 38.

Die Consonanzen sind, wie schon gesagt, zweyerley, entweder vollkommen, oder unvollkommen; und die Fortschreitung der Consonanzen ist auf viererley Art möglich, als

1) in gerader oder ähnlicher Bewegung, wenn zwo Stimmen zugleich auf- oder absteigen, z. E.

   e f g | g f e
   c d e | e d c

2) in der Gegen- ungeraden oder unähnlichen Bewegung, wenn eine Stimme hinauf, und die andere heruntergeht, z. E.

   c d e | e d c
   e d c | c d e

3) in der Seiten- oder vermischten Bewegung, wenn eine Stimme stehen bleibet, oder wiederhohlt wird, und die andere fortgeht, z. E.

   e g c | c g e
   c c c | c c c

4) in der parallel Bewegung, wenn sich die Stimmen nicht von ihrer Stuffe fortbewegen, sondern auf selbiger wiederhohlt werden, z. E.

   g g | a a
   c c | c c

§. 39.

I. Hauptstück. Drittes Capitel.

§. 39.

Die Regeln der Fortschreitung sind:

Regula I.) Von einer vollkommnen Consonanz zu einer andern vollkommnen muß man entweder durch die Gegen- oder Seitenbewegung gehen. Hieraus folget,

α) daß man nicht zwo Octaven (*) hintereinander in gerader Bewegung setzen darf, z. E.

    f g
    f g

β) daß man nicht zwo Quinten (*) hintereinander in gerader Bewegung setzen darf, z. E.

    g a c
    c d e

Regula II.) Von einer vollkommnen Consonanz (d. i. von einer Octave oder Quinte,) zu einer unvollkommnen, (d. i. zu einer Terz oder Sexte,) kann man durch alle Bewegungen gehen.

Regula III.) Von einer unvollkommnen Consonanz zu einer vollkommnen, muß man durch die Gegen- oder Seitenbewegung gehen.

Regula IV.) Von einer unvollkommnen Consonanz zu einer andern unvollkommnen geht man durch alle Bewegungen.

Viertes

(*) Wenn man schlechtweg Octave oder Quinte sagt, so versteht man allezeit die vollkommnen Intervallen dieses Nahmens. Dieses gilt auch von der Quarte.

Viertes Capitel.
Von der Fortschreitung der Dißonanzen.

§. 40.

Die Dißonanzen werden auf dreyerley Art in der Musik gebraucht, erstlich als durchgehende Noten, z. E.

$$\begin{matrix} e & f \\ c & c \end{matrix} \bigg| \begin{matrix} g & f \\ h & \end{matrix} \bigg| \begin{matrix} e & \\ c & c \end{matrix} \quad \text{Fig. a.}$$

zweytens als Wechselnoten, z. E.

$$\begin{matrix} g & \\ h & \end{matrix} \bigg| \begin{matrix} f & e & d & c \\ c & & e & \end{matrix} \quad \text{Fig. b.}$$

drittens in Rückungen, z. E.

$$\begin{matrix} c & \\ c & \end{matrix} \bigg| \begin{matrix} c & h \\ d & g \end{matrix} \quad \text{Fig. c.}$$

§. 41.

Wenn zu ebendemselben Accorde zwo verschiedne Noten gemachet werden: so ist entweder nur die erste, oder die andere in dem Accorde enthalten. Wenn die erste darinnen enthalten ist, so wird die zweyte, die in den Nachschlag fällt, eine durchgehende Note genennet. Wenn die zweyte darinnen enthalten ist, die erste aber nicht: so wird diese erstere eine Wechselnote genennet. Zum Exempel

$$\begin{matrix} c & & c & & h & \\ g & & g & & g & \\ e & & e & & d & \\ c & d & e & f & g & \end{matrix} \quad \text{Fig. d.}$$

Hier sind die Noten d und f im Baß durchgehende Noten.

ferner

I. Hauptſtück. Viertes Capitel.

ferner

```
h  | c    e     | d
g  | g    c     | h      Fig. e.
d  | e    g     | g
g  | f  e  d c  | g
```

Hier ſind die Noten f und d'Wechſelnoten.

§. 42.

Bey dem Gebrauch der Diſſonanzen in Rückungen ſind dreyerley Dinge zu beobachten, als:

1) die Vorbereitung,
2) der Anſchlag, und
3) die Auflöſung.

§. 43.

Die Vorbereitung einer Diſſonanz beſteht darinnen, daß man den diſſonirenden Theil des Intervalls vor dem würklichen Anſchlage, als Conſonanz vorhergehen läßt. Die Auflöſung aber beſteht darinnen, daß man den diſſonirenden Theil des Intervalls, nach geſchehenem Anſchlage, eine Stuffe über oder unter ſich, und zwar in eine Conſonanz, gehen läßt. Die Vorbereitung geſchicht in einem geraden Tacttheile; der Anſchlag in einem ungeraden, und die Auflöſung wiederum in einem geraden Tacttheile, z. E.

```
c  | c   h     Fig. c.
c  | d   g
```

Die hier vorkommende Diſſonanz iſt die Septime d c. Der diſſonirende Theil iſt die oberſte Note c. Dieſes c wird ſchon in dem vorhergehenden Tact, im letzten Tacttheile, als Octave und alſo als Conſonanz gehöret. Das iſt die Vorbereitung der im folgenden Tact, auf dem erſten oder dem ungeraden Tacttheile, anſchlagenden Septime, die in dem folgenden geraden Tacttheile, über der Baßnote g, auf den Ton h herunter ſteigt, und alſo in eine Terz aufgelöſet wird.

Kunſt das Cl. zu ſp. 2ter Th. C §. 44.

I. Hauptstück. Viertes Capitel.

§. 44.

Die Lehre von der Vorbereitung und Auflösung der Dißonanzen kurz zu fassen, merke man überhaupt,

1) daß bey der Septime, None, Quarte, Undecime und Terzdecime, der oberste Theil des Intervalls dißonirt, und zur Auflösung einen Grad unter sich gehen muß; ausgenommen die große Septime, wenn sie eine None, Quarte oder kleine Serte, (das ist die Undecime oder kleine Terzdecime) bey sich hat, in welchem Falle sie zur ordentlichen Auflösung einen Grad über sich steigt.

2) daß bey der Secunde der unterste Theil des Intervalls dißonirt, und zur Auflösung einen Grad unter sich geht.

3) daß bey der falschen oder verminderten Quinte der oberste Theil dißonirt, und ordentlicher Weise einen Grad unter sich gehen muß.

4) daß bey der übermäßigen Quarte der unterste Theil dißonirt, und ordentlicher Weise einen Grad unter sich gehen muß.

5) daß jede Vorbereitung und Auflösung entweder mit einer vollkommnen oder unvollkommnen Consonanz geschehen muß.

6) daß, obgleich gewiße Dißonanzen, z. E. die kleine Septime über der Quinta Toni, ingleichen die verminderte Quinte, und ihre Replike die übermäßige Quarte, im galanten Styl unvorbereitet angeschlagen werden können, selbige dennoch allezeit ohne Ausnahme aufgelöset werden müßen.

7) daß sich im galanten Styl eine Dißonanz zwar in eine andere auflösen kann; daß aber dieses Verfahren in einer gewißen Figur seinen Grund hat, die weiter unten wird erkläret werden.

§. 45.

Was in Ansehung gewißer anderer Dißonanzen, die allhier übergangen sind, erinnert werden kann, wird alles gelegentlich vorkommen. Ich
will

I. Hauptſtück. Fünftes Capitel.

will den Anfänger nicht mit zu vielen Regeln und Sätzen auf einmahl überhäufen; ſondern die Praxin des Accompagnements ſelber zur Hand nehmen, und alles nöthige an einem andern Orte beybringen.

Fünftes Capitel.
Zur Uebung des großen harmoniſchen Dreyklangs, und der davon abſtammenden Sätze.

§. 46.

Das erſte, was ein Schüler des Accompagnements zu thun hat, iſt, daß er ſich den harten Dreyklang, und die daher abſtammenden Sätze, nemlich den Sexten- und Sextquartenaccord in allen zwölf Tönen, gleich bekannt mache, um ihn hurtig finden zu können. Hierzu kann folgendes Exempel dienen:

c	c	c	h	c
g	g	g	g	g
e	e	e	d	e
c	e	g	g	c

Fig. f.

§. 47.

Man wird bemerket haben, daß in dem vorhergehenden Exempel, in dem Acorde c e g c die Octave oben, die Quinte im Alt, und die Terz im Tenor ſteht; und daß, bey Veränderung des Baßes, alle drey obere Stimmen ihre unverrückte Lage behalten. Man verſetze, nach der Ordnung der Quintenprogreſſion, auf eine ähnliche Art dieſes Exempel, als:

g	g	g	fis	g
d	d	d	d	d
h	h	h	a	h
g	h	d	d	g

ingleichen

d	d	d	cis	d
a	a	a	a	a
fis	fis	fis	e	fis
d	fis	a	a	d

inglei=

I. Hauptſtück. Fünftes Capitel.

ingleichen.

a	a	a	gis	a
e	e	e	e	e
cis	cis	cis	h	cis
a	cis	e	e	a

und ſo weiter erſt nach der Ordnung der Kreuße, und hernach nach der Ordnung der Been.

§. 48.

Wenn dieſe Art der Lage der Accorde gnugſam begriffen iſt: ſo ſtelle man auf folgende Art die Terz oben, die Octave in den Alt, und die Quinte in den Tenor, als:

e	e	e	d	e
c	c	c	h	c
g	g	g	g	g
c	e	g	g	c

ferner

h	h	h	a	h
g	g	g	fis	g
d	d	d	d	d
g	h	d	d	g

ingleichen

fis	fis	fis	e	fis
d	d	d	cis	d
a	a	a	a	a
d	fis	a	a	d

und ſo weiter.

§. 49.

Endlich bringe man die Quinte oben, die Terz in den Alt, und die Octave in den Tenor, als:

g	g	g	g	g
e	e	e	d	e
c	c	c	h	c
c	e	g	g	c

ferner

I. Hauptstück. Fünftes Capitel. 21

ferner

d	d	d	d	d
h	h	h	a	h
g	g	g	fis	g
g	h	d	d	g

ingleichen

a	a	a	a	a
fis	fis	fis	e	fis
d	d	d	cis	d
d	fis	a	a	d

und so weiter.

§. 50.

Das sind nunmehro alle drey mögliche Lagen, deren der mit der Octave vermehrte harmonische Dreyklang in dem gemeinen Clavier-accompagnement fähig ist. Einmahl steht die Octave oben, einmahl die Terz, und einmahl die Quinte. Der Schüler des Generalbaßes muß sich alle drey Lagen gleich geläufig machen.

Sechstes Capitel.
Zur Uebung des kleinen harmonischen Dreyklangs, und der davon abstammenden Sätze.

§. 51.

Die Uebung mit dem kleinen harmonischen Dreyklang wird auf eben die Art, als mit dem großen vorgenommen, in allen zwölf Tönen, nach Anleitung des folgenden Schematis:

a	a	a	gis	a	
e	e	e	e	e	
c	c	c	h	c	Fig. g.
a	c	e	e	a	

ferner

I. Hauptstück. Sechstes Capitel.

ferner.

e	e	e	dis	e
h	h	h	h	h
g	g	g	fis	g
e	g	h	h	e

ingleichen

h	h	h	ais	h
fis	fis	fis	fis	fis
d	d	d	cis	d
h	d	fis	fis	h

und so weiter.

Siebentes Capitel.
Zur Uebung in vermischten Dreyklängen.

§. 52.

Erstes Exempel.

e	c	d	h	h	c	h
c	a	a	g	g	a	g
g	f	f	d	e	e	d
c	f	d	g	e	a	g

Fig. h.

oder in folgender Lage:

c	a	a	g	g	e	d
g	f	f	d	e	c	h
e	c	d	h	h	a	g
c	f	d	g	e	a	g

oder in dieser:

g	f	f	d	e	c	h
e	c	d	h	h	a	g
c	a	a	g	g	e	d
c	f	d	g	e	a	g

Dieses

I. Hauptstück. Siebentes Capitel.

Dieses Exempel muß nun ebenfalls in alle zwölf Durtöne übersetzet werden; wobey es aber nicht nöthig ist, daß der Anfänger diese verzeichnete Lagen der Intervalle, von einem Accorde zum andern, just beybehalte. Es ist genug, wenn man ihn erinnert,

1) daß bald die Terz, bald die Quinte oder Octave den obersten Platz einnehmen soll.
2) daß er die Seiten- und Gegenbewegung so viel möglich in Acht nehmen soll.
3) daß man die Accorde so viel möglich dichte neben einander nehmen, und sich vor großen Sprüngen hüten muß.
4) daß der Einklang öfters die Stelle der Octave vertreten muß, wenn die Stimmen, und vermittelst derselben die Hände dichte aneinander gehen. Fig. i.
5) daß man sich vor der verbotnen Quinten- und Octavenfolge in Acht nehmen muß, z. E.

```
e    a
c    f
g    c    Fig. k.
c    f
```

Dieses ist falsch, weil darinnen zwischen dem Alt und Baß die Octave c f, und zwischen dem Tenor und Baß die Quinte { g c / c f } stecket.

Zweytes Exempel.

```
e   f   d   e   c   d   h   c
c   d   h   c   a   h   gis a
a   a   g   g   f   f   e   e   Fig. l.
a   d   g   c   f   h   e   a
```

oder in folgender Lage.

```
c   d   h   c   a   h   gis a
a   a   g   g   f   f   e   e
e   f   d   e   c   d   h   c
a   d   g   c   f   h   e   a
```

oder:

oder:

a	a	g	g	f	f	e		e
e	f	d	e	c	d	h		c
c	d	h	c	a	h	gis	a
a	d	g	c	f	h	e		a

Dieses Exempel gehöret zur Transposition für alle zwölf weiche Töne. Man bemerket darinnen, außer dem weichen und harten Dreyklang, den weichen verminderten Dreyklang h d f auf der Secunda Toni. Um zu wißen, wo derselbe in den beyden Tonarten, der großen und kleinen Platz hat, darf man nur die Tonleitern, und die Beschaffenheit der darinnen enthaltnen Quinten untersuchen. Allenthalben nun, wo eine verminderte Quinte vorhanden ist, da findet der weiche verminderte Dreyklang Statt; als auf der Septima Toni majoris, z. E. auf h in C dur; ferner auf der Secunda Toni minoris, z. E. auf h in A mol; ferner auf der großen Sexte und großen Septime Toni minoris, als auf fis und gis in A mol. Die verminderte Quinte muß als eine Dißonanz allezeit aufgelöset werden, und zwar, wie schon oben gesagt ist, das obere Ende derselben unterwärts. Die Ausnahmen gehören nicht für Anfänger, sondern für geübtere.

Achtes Capitel.
Zur Uebung in vermischten Dreyklängen, Sexten- und Sextquartenaccorden.

§. 53.

Bey dieser Lection wird angemerket, daß man, um fehlerhafte Progreßen zu vermeiden, im Dreyklange öfters die Terz; im Sextenaccorde aber bald die Sexte, und bald die Terz verdoppeln muß, nachdem es die Lage der Töne giebt. Fehlerhafte Progreßen sind

1) die verbotnen Quinten und Octaven.
2) der Sprung in alle übermäßige Intervallen, als in die übermäßige Secunde (f gis); in die übermäßige Quarte, (c fis), und in die übermäßige Quinte, (c gis) rc. Statt deßen muß
man

I. Hauptstück. Achtes Capitel.

man in die Repliken dieser Töne springen, nemlich in die verminderte Septime, die verminderte Quinte, und verminderte Quarte ꝛc.

Erstes Exempel.

e	g	e	d	c	e	c	h	a	c	a	g	
c	d	c	h	a	h	a	gis	a	g	f	e	Fig. m.
g	g	g	g	e	e	e	e	c	c	c	c	
c	h	c	g	a	gis	a	e	f	e	f	c	

ober in folgender Lage.

c	d	c	h	a	h	a	gis	a	g	f	e	
g	g	g	g	e	e	e	e	c	e	c	c	Fig. n.
e	d	e	d	c	h	c	h	a	c	a	g	
c	h	c	g	a	gis	a	e	f	e	f	c	

ober

g	g	g	g	e	e	e	e	a	c	a	g	
e	d	e	d	c	h	c	gis	a	g	f	e	Fig. o.
c	d	c	h	c	e	e	e	c	c	c	c	
c	h	c	g	a	gis	a	e	f	e	f	c	

Wenn man nicht die Terz oder Sexte in dem Sextenaccorbe zu h, gleich zum Anfange, verdoppelte: so würden folgende garstige Octaven entstehen,

e	d		g	g
c	h		e	d
g	g	ober	c	h
c	h		c	h

und wenn man nicht die Terz a in dem Dreyklange f a c, in dem vierten Griffe vor dem Schluße, verdoppelte, sondern folgendergestalt setzete:

h	a	
gis	f	NB.
e	c	
e	f	

so würde in dem Alt, zwischen gis f, ein verbotner unmelodischer Proceß zum Vorschein kommen.

Kunst das Cl. zu sp. 2ter Th.

I. Hauptstück. Achtes Capitel.

Zweytes Exempel.

g	g	fis	g
e	d	c	h
c	g	a	d
c	H	a	g

Fig. p.

Man merke, daß bey dem vierten Griffe das Accompagnement getheilt ist. Ungetheilt hätte man entweder die Terz h verdoppeln, oder die Quinte d in den Alt stellen müssen, als

fis	g		fis	g
c	h		c	d
a	h	oder	a	h
a	g		a	g

Wenn oben gesagt worden ist, daß der der untere Theil der übermäßigen Quarte dißoniret, und selbiger einen Grad unter sich aufgelöset werden muß; allhier aber im letzten Schemate, da die übermäßige Quarte fis c in die aufsteigende Quarte d g, und nicht in die Serte h g verwandelt wird, wider die gegebene Regel verstoßen zu seyn scheinet: so ist zu merken, daß die gegebene Regel nur gilt, wenn die übermäßige Quarte gegen den Baß steht. Allhier aber findet sie sich in den Mittelstimmen.

Drittes Exempel.

Es findet sich oft, in einer stuffenweisen Baßprogreßion, eine ganze Reihe von Sextenaccorden hintereinander. Ob es nun gleich keine Mühe kostet, selbige vierstimmig zu accompagniren: so ist doch nicht nöthig, zumahl bey geschwinder Bewegung, solches allezeit zu thun; und es klinget alsdenn besser, nur zwo Stimmen mit der rechten Hand dagegen anzuschlagen, als:

g		g	f	e	d	c	h	c
e		d	c	h	a	g	f	e
c		h	a	g	f	e	d	c

oder aufsteigend:

g		a	h	c	c	h
d		e	f	g	a	d
h		c	d	e	f	g

Wer die Sätze vierstimmig haben will, muß den Sextenaccord wechselsweise mit der Octave und der Sexte, oder Terz verdoppeln, als

g		g	f	e	d	c	h	c
e		d	c	h	a	g	f	g
c		g	a	e	f	c	d	e
c		h	a	g	f	e	d	c

Hier ist die Octave und Sexte wechselsweise verdoppelt worden. Man sehe Fig. (q), wo bald die Terz, bald die Octave, und bald die Sexte verdoppelt wird. Für einen Anfänger ist dieses genug.

Viertes Exempel.

Man sehe Fig. (f) und (g) zurück, und merke sich das Tractament des Sextquartenaccords, in Absicht auf die Quarte, die im Accompagnement allezeit einem Grad unter sich gehen muß.

Neuntes Capitel.
Zur Uebung des Septimenaccords, und der davon abstammenden Sätze.

§. 54.

Der Septimenaccord kann in allerley Arten von Harmonien aufgelöset werden. Doch hierum braucht sich der Accompagnist, als Accompagnist, nicht zu bekümmern. Die Harmonie, in welche er den Septimenaccord auflösen soll, ist ihm vorgeschrieben, und er braucht auf nichts Acht zu haben, als der Septime des Satzes ihre gehörige Fortschreitung zu geben. Man sehe das Exempel bey Fig. r.

Die Septime c, die im zweyten Griffe erscheint, wird durch die Octave c des ersten vorbereitet, und in die Terz h des dritten aufgelöset. Währender Zeit, daß diese erste Septime c d im zweyten Griffe anschläget, wird in eben diesem Satze eine im dritten Griffe anschlagende, und in dem vierten Griffe in die Terz sich auflösende Septime f, durch die

28　I. Hauptstück. Neuntes Capitel.

Terz f, vorbereitet. Die Terz c im fünften Accord dient zur Vorbereitung der Septime c im sechsten Griffe, welche im siebenten auf die Quinte h herabgeht. Es ist annoch zu merken, daß im zweyten Griffe zur Verminderung zwoer Quinten, die Quinte a aus dem Septimenaccorde weggelassen, und dafür der Grundton mit der Octave verdoppelt ist. Aus voriger Ursache ist im siebenten Griffe die Terz g verdoppelt worden.

Zweytes Exempel.

Wer mit dem Septimenaccorde gehörig umzugehen weiß, der weiß auch mit den davon abstammenden Sätzen umzugehen. Wie es nemlich mit der Septime gehalten wird, so muß es auch mit der Quinte im Sexquintenaccord; mit der Terz im Terzquartenaccord; und mit dem untern Ende der Secunde in dem Secundenaccord gehalten werden, wie man aus den Exempeln bey Fig. (f) sehen wird.

Der Septimenaccord d f a c von No. 1. verwandelt sich bey No. 2. in den Sextquintenaccord f d a c, deßen Quinte in dem folgenden Griffe auf das h, und also einen Grad heruntergeht. Bey No. 4. wird der nemliche Septimenaccord in den Secundensatz c d f a verändert, worinnen der unterste Theil der Secunde, nemlich der Baß, einen Grad abwärts geht. Der Septimensatz g d f h von No. 1. wird bey No. 2. in einen Secundenaccord umgeformet. Der Baß, der die Dißonanz begreift, und die Septime des Grundaccords g h d f vorstellet, geht einen Grad unter sich. Bey No. 3. wird ebenderselbe Satz in den Terzquartenaccord d f g h, und bey No. 4. in den Sextquintenaccord h d f g verändert. Der Ton f, der die Dißonanz enthält, wird allenthalben regelmäßig, oder legaliter, wie man zu sprechen pflegt, aufgelöset.

Zehntes Capitel.
Zur Uebung des Nonenaccords.

§. 55.

Man weiß, daß der Nonenaccord von dem Septimenaccorde abstammet, wenn demselben eine Terz unterwärts hinzugefüget wird. Da die None also die Septime desjenigen Accords, von welchem sie herkömmt,

I. Hauptstück. Zehntes Capitel.

kömmt, vorstellet, so muß sie auch wie selbige vorbereitet und aufgelöset werden. Der Septimenaccord sey g h d f. Man setze die Terz e unter selbigen: so entsteht der Nonenaccord e g h d f. Der Ton f, der die None macht, folget der Progreßion des Tons f aus dem Septimensatze, und in Ansehung der zweyten Dißonanz im Nonenaccord, nemlich der Septime, allhier d: so ist bekannt, wie mit einer Septime verfahren werden muß. Man sehe Fig. (t).

Bey No. 1. ist die Grundharmonie der Sätze von No. 2. 3. 4. Da der Nonensatz bey No. 2. und 3. nur vierstimmig ausgeübt wird: so hat man dort die Quinte und hier die Septime weggelaßen. Bey No. 4. aber ist er vollständig. Die None f wird durch die Terz d, und die Septime d von No. 2. allenthalben durch die Octave d vorbereitet. Beyde resolviren überall abwärts.

Eilftes Capitel.
Zur Uebung des Undecimenaccords.

§. 56.

Da der Undecimenaccord von dem Septimensatze entspringet, wenn demselben eine Quinte unterwärts hinzugefügt wird: so erhält dadurch die Undecime, vulgo genannte Quarte, ein der Septime gänzlich ähnliches Tractament. Man sehe Fig. (u).

Bey No. 1. ist die Grundharmonie in Septimensätzen von den Undecimenaccorden bey No. 2. 3. und 4., wo man in jedem dritten Griffe den Undecimensatz findet, und zwar fünfstimmig bey No. 2 und vierstimmig bey No. 3 und 4 dort mit weggelaßener None, und hier mit weggelaßener Quinte. Die None in diesem Satze über der Prima Toni hat die Freyheit sowohl auf- als abwärts sich aufzulösen. Wenn man die Septime wegläßet, so gehet insgemein der Septimenaccord, oder ein durch die Umkehrung davon abstammender, vor dem Undecimensatze her, als:

	NB.			NB.	
f	f	e	e	e	d
d	d	c	a	a	a
g	g	g	g	g	f
h	c	c	cis	d	d

I. Hauptſtück. Eilftes Capitel.
Zweytes Exempel.
Man ſehe Fig. (v). Bey No. 1. findet man den Septimenſatz d f (a) c, unter welchen die Quinte g geſetzet wird, um den bey No. 2. und 3. in jedem zweyten Griffe befindlichen verkürzten Undecimenaccord entſpringen zu laßen. Bey No. 2. iſt die None, und bey No. 3. ſowohl die None, als Septime weggeblieben, und der Baß mit der Octave verdoppelt worden. Der bey No. 3. verkürzte Undecimenſatz wird insgemein der Quintquartenaccord genennet.

Zwölftes Capitel.
Zur Uebung des Terzdecimenaccords auf der Prime Toni Minoris.
§. 57.

Der Terzdecimenaccord entſpringet von dem Septimenſatze, wenn demſelben eine Septime unterwärts hinzugefügt wird, und behält das völlige Tractament des Septimenaccords. Man ſehe Fig. (w). Bey No. 1. iſt der verminderte Septimenaccord gis h d f, der bey No. 2. zu dem Terzdecimenſatze a gis h d f wird. Die Terzdecime f, vulgo Sexte, und die Undecime d löſen ſich abwärts auf. Die None h kann ſowohl auf- als abwärts gehen, nachdem es die Umſtände erlauben.
Wenn der Terzdecimenaccord verkürzt gebraucht werden ſoll, ſo läßet man insgemein den Accord der Septime, von welchem er entſpringet, vor ihm hergehen. Man ſehe No. 4. und 5. wozu die Grundharmonie bey No. 3. vorläufig angeführt iſt. Bey No. 4. iſt die Septime, und bey No. 5. die None weggeblieben.

Dreyzehntes Capitel.
Zur Uebung in allerhand Arten von Accorden.
Erſtes Exempel.
Welches das gewöhnliche Accompagnement der harten Tonleitern enthält.

Man ſehe Fig. (x). Dieſes Exempel muß in alle zwölf harte Töne transponirt, und dergeſtalt geübt werden, daß auf der Anfangsnote bald

I. Hauptstück. Dreyzehntes Capitel.

bald die Octave, bald die Quinte, und bald die Terz oben steht, und nach Proportion fortgefahren wird. Jeder Schüler des Generalbaßes muß dieses Exempel, in allen harten Tönen, schlechterdings aus dem Grunde inne haben.

Zweytes Exempel,
welches das gewöhnlichste Accompagnement der weichen Tonleitern enthält.

Man sehe Fig. (y). Hiemit wird wie mit dem ersten Exempel verfahren.

Drittes Exempel.
Zur Uebung des großen übermäßigen Dreyklangs, und des übermäßigen Sextenaccords.

Man sehe Fig. (z). Der harte übermäßige Dreyklang erscheint im vierten Griff c e gis, und der übermäßige Sextenaccord im siebenten. Die übermäßige Quinte gehet über sich, und die übermäßige Sexte welche mit der verdoppelten Terz begleitet wird, ebenfalls. Man transponire dieses Exempel in alle Moltöne.

Viertes Exempel.

Es ist oben gesagt worden, daß wenn der sogenannte Quintquartenaccord umgekehrt wird, daraus ein Quintsecundensatz entsteht, und folgendes Exempel wird es beweisen.

				1.						2.		
c	c	h	c	g	g	e			c	d	d	c
g	g	g	c	d	d	c		oder	g	g	g	g
e	d	d	e	g	g	g			e	d	d	e
c	g	g	c	c	h	c			c	c	h	c

Der Quintquartensatz kommt im zweyten Griffe, und der mit der Quinte verdoppelte Quintsecundensatz im sechsten Griffe bey (1) zum Vorschein. Bey (2) ist er mit dem obersten Theil der Secunde verdoppelt zu finden.

I. Hauptstück. Dreyzehntes Capitel.

Fünftes Exempel.

Welches den Unterscheid zwischen der übermäßigen Secunde, und der übermäßigen None begreiflich macht.

```
    (1)                        (2)
     d    d    d    c           d    d    c
     a    h    h    a           h    h    a
     a    gis  gis  e           gis  gis  a
     f    f    e    a           e    f    f
```

Bey der übermäßigen Secunde geht der Baß abwärts, wie man bey No. 1. sieht; und bey der übermäßigen None bleibt der Baß, und der oberste Theil des Intervalls, allhier gis, geht eine Stuffe über sich.

Sechstes Exempel.

```
 (1)
  g | f f e e | d d c c | h c c h | c
  e | d d c c | h h a a | g g f g | g
  c | a g g f | f e e d | d e f f | e
  c | c h h a | a g g f | f e d d | c
    | 2 6 2 6 | 2 6 2 6 | 2 6 7 7 | 3
    |   5   5 |   5   5 |         |
```

ingleichen.

```
 (2)
  e | d d c c | h h a a | g g f f | e
  c | c h h a | a g g f | f e d d | c
  g | a g g f | f e e d | d c a g | g
  c | f f e e | d d h c | h c c h | c
    | 6 2 6 2 | 6 2 6 2 | 6 3 2 6 | 3
    | 5   5   | 5   5   | 5     5 |
```

Bey No. 1. findet man eine abwechselnde Folge von Secunden- und Sertquintensätzen; und bey No. 2. von Sertquinten- und Secundensätzen. Der Ursprung beyder Exempel, ist folgender Grundbaß, mit steigenden Quarten und fallenden Quinten.

```
    | 7 7 7 7 | 7 7 7 7 | 7 3 7 7 | 3
  c | d g c f | h e a d | g c d g | c
```

Diese Sätze muß man sich in allen Tönen geläufig machen.

Zweytes

Zweytes Hauptstück.
Erstes Capitel.
Von der Bezifferung der Accorde.

§. 1.

Die Zeichen, deren man sich zur Bemerkung der Accorde bedienet, sind 1) die einfachen Zahlen von eins bis neun; 2) die Versetzungszeichen, d. i. das Kreutz, das runde Be und das viereckigte Be; und 3) einige kleine Striche. Diese Zeichen werden insgemein Signaturen genennet.

§. 2.

Die beyden Hauptgegenstände, worauf es bey Bezifferung eines Basses ankömmt, sind die Bequemlichkeit, und Richtigkeit. Ein Generalbaß wird alsdenn bequem zu spielen seyn, wenn alle Accorde mit so wenig Ziffern, als möglich, vorgestellet werden. Richtig ist er, wenn die von einander zu unterscheidenden Accorde durch zulängliche Zeichen dergestalt bemerket sind, daß es unmöglich ist, bey Erblickung derselben einen Satz mit dem andern zu verwechseln.

§. 3.

Die Signaturen werden ordentlicher Weise über die Noten gesetzt. Man kann sie aber auch darunter schreiben, wenn oberwärts kein Platz dazu vorhanden ist.

§. 4.

Wenn ein Accord nicht durch eine Zahl allein bemerket werden kann: so nimmt man zwo, oder mehr Zahlen; und diese Zahlen werden übereinander, nicht aber neben einander gesetzt.

§. 5.

Wenn zu einer Note mehrere Accorde nacheinander angeschlagen werden sollen: so setzt man die dazu gehörigen Signaturen neben einander.

§. 6.

II Hauptstück. Erstes Capitel.

§. 6.
Wenn eben derselbe Griff zu verschiedenen Noten hintereinander angeschlagen werden soll: so bedient man sich gerne eines Striches, um die verbleibende Harmonie zu bezeichnen, anstatt dieselbe durch veränderte Ziffern zu wiederhohlen.

§. 7.
Wenn der Anschlag der Harmonie auf eine Wechselnote fällt: so wird solches durch einen Queerstrich angezeiget, wie bey fig. 1.

§. 8.
Wenn ein Intervall in einer andern Proportion, als es der Notenplan giebt, genommen werden soll: so muß solches durch gehörige Signaturen bemerket werden, nemlich durch ein der Ziffer hinzugefügtes Versetzungszeichen. Bey der Terz allein pfleget man das Versetzungszeichen wegzulassen.

§. 9.
Der harte Dreyklang wird entweder mit einer 8, 5, 3, einem Kreutz oder viereckigten Be bezeichnet.

§. 10.
Der weiche Dreyklang wird entweder mit einer 8, 5, 3, einem runden oder viereckigten Be bezeichnet.

§. 11.
Der weiche verminderte Dreyklang kann mit einer 8 und 5, oder nach Telemannischer Art mit einer 5, und einem halben Bogen darüber, 5̂, bemerket werden. Vielmahl ist die Bemerkung gar nicht nöthig.

§. 12.
Der harte übermäßige Dreyklang kann entweder mit einer 5, die ein Kreutz oder viereckigtes Be neben sich hat, oder mit einem Queerstrich durch die 5 angezeiget werden.

§. 13.
Jeder Sextenaccord wird mit einer 6; und jeder Sextquartenaccord mit einer 6 und 4 angezeiget.

§. 14.
Die Signatur des Septimenaccords ist eine 7; des Sextquintenaccords 6 und 5; des Terzquartenaccords eine 4 und 3; und des Secundenaccords eine 2.

§. 15.

II Hauptstück. Zweytes Capitel.

§. 15.

Der Nonenaccord, wenn nichts als die Quinte oder Terz zur Note gegriffen werden soll, wird mit einer bloßen 9 bezeichnet. Soll aber die Septime anstatt der Quinte dazu genommen werden: so schreibt man eine 9 und 7 übereinander.

§. 16.

Der Quintquartenaccord wird mit einer 5 und 4 bezeichnet; und der Quintsecundenaccord mit 5 und 2. Wenn die None mit der Quarte; oder die Septime mit der Quarte verbunden werden soll: so schreibt man im ersten Fall eine 9 und 4 über einander; und im andern eine 7 und 4.

§. 17.

Der Terzdecimenaccord auf Prima Toni wird mit einer großen 7, kleinen 6 und 4 bemerket.

§. 18.

Wenn in einem Accorde ein Ton, wider die Vorschrift des Notenplans, um einen kleinen halben Ton erhöht oder erniedrigt werden soll, und dieser Ton nicht in der Hauptsignatur des Accords begriffen ist: so muß man diese Signatur mit einer Signatur vermehren, und alsdenn verfahren, wie im §. 8. gelehrt worden ist. Zum Exempel wenn in einem aus dem C dur gehenden Stücke, ins G dur ausgewichen wird, und zur Note a der Terzquartenaccord a c d fis gemacht werden soll: so muß zur Signatur 4 und 3, die den Terzquartenaccord anzeigt, annoch eine 6 mit einem Kreuze an der Seite hinzugefüget werden; und so in andern ähnlichen Fällen.

Zweytes Capitel.
Welches allerhand vermischte Anmerkungen enthält.

§. 19.

An Oertern, wo alle Stimmen in Einklängen oder Octaven fortgehen, muß der Accompagnist keine Accorde anschlagen, sondern entweder den Baß mit der linken Hand allein spielen, oder selbigen mit der rechten verdoppeln. Finden sich an dergleichen Oertern Ziffern

fern über dem Baſſe: ſo iſt ſolches ein Zeichen, daß der Componiſt nicht gewußt, was er gemacht hat, und ein Zeichen ſeiner ſchlechten Einſichten.

§. 20.

Wo *tasto solo* ſteht, werden ebenfals keine Accorde gegriffen, ſondern man ſchlägt den Baß allein an; und erneuert den Anſchlag von Zeit zu Zeit, wenn ſich der Ton zu verliehren anfängt.

§. 21.

Man muß die Accorde ſo viel möglich neben einander nehmen, und nicht mit der rechten Hand bald hier, bald dorthin ſpringen.

§. 22.

Wenn man die Lage der rechten Hand verändern will, fals ſolche zu hoch hinauf, oder zu tief herunter gerathen: ſo muß ſolches nach einem conſonirenden Satze geſchehen.

§. 23.

Alle Accorde müſſen ohne die geringſte Künſtley, ohne Lauffer und Brechungen ꝛc. angeſchlagen werden. Triller und Mordenten mit der rechten Hand ꝛc. fallen gänzlich weg. Das Recitativ leidet im Punct der Brechungen hin und wieder eine Ausnahme.

§. 24.

Die rechte Hand muß nicht tiefer als bis ins kleine c, und nicht höher als bis ins zweygeſtrichne g ordentlicher Weiſe kommen.

§. 25.

Man hat die Regel, daß das Accompagnement nicht über die Hauptſtimme, die man accompagniret, wegſteigen ſoll. Es kann aber ſelbige nicht in allen Fällen beobachtet werden.

§. 26.

Mit der Stärke und Schwäche des Anſchlags, oder dem Forte und und Piano, muß ſich der Accompagniſt nach dem Spieler der Hauptſtimme richten.

§. 27.

Die Regel iſt, daß man allezeit vierſtimmig accompagniren muß. Indeſſen thut in mehr als einem Falle ein drey- ja öfters zweyſtimmiges Accompagnement eine beſſere Wirkung, als das vierſtimmige. Doch um dieſe

II Hauptstück. Zweytes Capitel.

diese Fälle zu beurtheilen, muß man sich schon lange Zeit im Accompagniren geübt, und seinen Geschmack gebildet haben. Es darf sich also kein Anfänger mit dem wenigerstimmigen Accompagnement abgeben, und selbiger muß in dem vierstimmigen aufs strengste geübet werden. Es ist gewissermaßen leichter, ohne Beleidigung der harmonischen Regeln eine Stimme wegzulassen, als eine zuzuthun.

§. 28.

Alle Consonanzen können verdoppelt werden; aber keine Dissonanz, weil ein häßlicher Mislaut, und bey der Resolution Octaven entstehen würden.

§. 29.

Das vierstimmige Accompagnement wird dadurch nicht aufgehoben, wann bey der Verdoppelung eines Intervalls nur drey wirkliche Töne auf dem Claviere zum Gehöre kommen, z. E.

e	d		c	c		e	h
c	d	oder	b	a	ingleichen	a	c
g	g		g	f		fis	g
c	h		e	f		d	e

Ich supponire, daß in dem zweyten und dritten Exempel die Hände nahe an einander gerathen sind, und die Töne f f und g g im Einklange, und nicht in der Octave, gegriffen werden. Man lasse die Partien singen: so wird man alle vier Stimmen hören. Auf dem Clavier ist es nicht möglich selbige anders zu haben.

§. 30.

Ein Accompagnist muß nicht allein den Baßschlüssel kennen, sondern sich auch den Alt- und Tenorschlüssel geläufig machen.

§. 31.

So viele Haupttheile in einem Tact vorkommen, so viele Griffe müssen ordentlicher Weise in selbigem gemacht werden, und diese Griffe werden sogleich zum Anfang eines jeden Haupttheils angeschlagen. Also gehören z. E. in den Raum eines Vierviertelstacts vier Griffe, als:

e	f	f	e	d	d	e	
c	d	d	d	c	h	c	fig. 2.
g	a	g	g	g	g	g	
c	c	a	c	g	f	c	

II. Hauptstück. Zweytes Capitel.

In den Raum eines Zweyzweytheil- und Zweyviertheiltacts gehören zween Griffe, als:

e e	f f	e e	d d	e
c c	d d	d c	c h	c
g g	a g	g g	a g	g
c c	c h	c e	f g	c

In den Raum des langsamern Dreyviertheil- und Dreyachttheiltacts gehören drey Griffe, als:

e e g	e d c	d c h	c
c c d	c h a	a g g	g
g g g	g g e	f e d	e
c c h	c g a	f g g	c

§. 32.

Die vorige Regel bleibt, wenn auch gleich die Haupttheile eines Tacts in kleinere Noten zergliedert werden, woferne der Componist nicht zu jeder kleinern Note einen besondern Griff verlangt. Dieses letztere ist aus den darüber gesetzten Ziffern zu erkennen. Im erstern Falle kann im Vierviertheiltact ein Viertheil entweder in zwey Achttheile, oder in vier Sechzehntheile ꝛc. verwandelt werden. Alsdenn wird der Griff auf jedem ersten Achttheile, oder jedem ersten Sechzehntheile ꝛc. angeschlagen; und zu den andern Baßnoten wird mit der rechten Hand nichts gemacht. Zum Exempel will ich die Aufgabe bey fig. 3. da der Baß in folgenden Viertheilen fortgeht,

c e g g fig. 3.

auf folgende Art mit Nebennoten in Achttheilen durchflechten:

c d e f g f g g. fig. 4.

Hier wird zu dem ersten, dritten, fünften, und siebenden Achttheile mit der rechten Hand angeschlagen, und die andern Achttheile werden übergangen. Eben dieses Exempel mit Sechzehntheilen:

c h c d e d e f g f g a g f g g fig. 5.

Hier wird zu dem ersten, fünften, neunten und dreyzehnten Sechzehntheile angeschlagen.

§. 33.

II. Hauptstück. Zweytes Capitel.

§. 33.

Wenn anstatt der Hauptnote, eine Wechselnote auf den Anfang eines Tacttheils fällt: so wird der Accord auf dieser Wechselnote angeschlagen, z. E.

```
e  | f  | g  | c  | c  | a  | a
c  | d  | d  | a  | h  | f  | g     fig. 6.
g  | a  | h  | e  | g  |    | e
c  | c  | h  | a  | g  | e  | f  | e  | d  | c. cet.
```

Wechselnoten sind allhier die dritten Achttheile in jedem Tact, als a, f und d.

§. 34.

Im geschwindern Dreyviertheil- und Dreyachttheiltacte werden insgemein nur zween Griffe gemacht, wofern nicht mehrere vorgeschrieben sind. Diese beyden Griffe werden ordentlicher Weise auf dem ersten und dritten Haupttheile gemacht.

Exempel.

```
e  | e  | f  | f  | e  | e  | e
c  | c  | d  | d  | d  | c  | h    fig. 7.
g  | g  | g  | g  | g  | g  | g
c  | c  | c  | h  | a  | h  | c  | h  | c  | g
```

§. 35.

Eine Triole wird mit einem Griff abgefertigt, wenn nicht mehrere verlangt werden; und der Griff wird zur ersten Note angegeben.

§. 36.

Wenn zween oder mehrere Tacttheile in eine lange Note von proportionirtem Wehrte zusammengezogen werden: so muß man sich mit dem Griffe ebenfals darnach richten, und nicht eher mit der rechten Hand einen Accord machen, ehe nicht eine neue Note solches verlanget, z. E. im Dreyviertheiltact.

```
c  | h  | c  | c  | c  | h  | c
                a
g  | g  | g  | g  | g  | g  | g    fig. 8.
c  | f  | e  | d  | d  | d  | d
```

Oder:

Oder:

```
c  h   | c  c   | c  h   | c
g  g   | g  a   | g  g   | g
e  f   | e  d   | d  d   | e   fig. 9.
c  d — | e  f — | g  g — | c
```

Exempel, wo drey Griffe in einem Dreyviertheiltacte vorkommen, sehe man bey fig. 10.

§. 37.

Da der Sechsachttheiltact aus dem Zweyviertheil, und der Neunachttheil aus dem Dreyviertheiltact entsteht, wenn jeder Tacttheil um die Hälfte vermehrt wird: so gehören zum Sechsachetheil nur zween Griffe, und drey zum Neunachttheil, wenn nicht mehrere vorgeschrieben sind.

Drittes Capitel.
Von der Aufhaltung der Auflösung; und der Versetzung der Harmonie vor der Auflösung.

§. 38.

Die Auflösung einer Dissonanz wird aufgehalten, wenn die Dissonanz auf ihrer Stuffe stehen bleibt, und auf selbiger in ein anderes Intervall verwandelt wird, ehe man sie, ihrer Natur zu Folge, unter oder über sich gehen läßt, z. E.

```
c  h  c  h  | c
g  g  a  g  | g
e  d  e  f  d  | e
c  g  g  f  g  | c
```

Hier wird die Quarte g c aus dem Sertquartenaccord g c e in die Quinte f c verwandelt, bevor sie aus dem Griffe g d g h ihre Auflösung bekömmt.

§. 39.

Wenn man aus einem umgekehrten dissonirenden Satze in einen andern umgekehrten, oder von diesem in seinen Stammaccord, oder von

dem

dem Stammaccord in einen umgekehrten geht: so heißt dieses die Harmonie vor der Auflösung versetzen, z. E.

```
f   f   e
d   d   c
h   g   g
g   h   c
```

Hier wird der Septimenaccord zu einem Sextquintenaccorde, ehe die Auflösung geschicht.

Ferner
```
f   f   e
d   d   c
g   h   g
h   g   c
```

Hier wird der Sextquintenaccord in seinen Stammaccord verändert, ehe die Auflösung geschicht.

Ingleichen:
```
h   h   c
g   g   g
d   f   e
f   d   c
```

Hier wird der Secundenaccord zum Terzquartenaccord, ehe die Auflösung erfolget.

Viertes Capitel.
Von dem unvorbereiteten Anschlage der Dissonanzen in der freyen Schreibart.

§. 39.

Der erste Fall, in welchem eine Dissonanz unvorbereitet zum Vorschein kömmt, ist wenn man eine Dissonanz in eine andere auflöset, z. E.

```
a | a   g   f   e
f | f   e   d   c    fig. 10.
c | h   c   d   g
f | g   a   h   c
```

Die None a resolvirt sich allhier in die Septime g, und diese Septime in die falsche Quinte f. Dieser Fall lässet sich am besten aus der Verbeissung oder Auslassung einer durchgehenden Note erklären, ob gleich sonst andere Erklärungen möglich sind. Um sich diese Auslassung begreiflich zu machen, sehe man folgendes Schema, worinnen die None in eine durchgehende Octave, und die Septime auf eine in den Nachschlag fallende Sexte herabgehet, als:

```
a | a  g  g  f
f | f  g  e
c | h     e
f | g     a
```

Ein ander Exempel,

worinnen sich die Septime in eine übermäßige Quarte auflöset.

```
  c — c  h  c
    a  g  g
    f  d  c
    d  f  e
```

Zur Erklärung dieses Falls dient folgende Vorstellung:

```
  c — c  h  h  c
    a     g  g
    f     d  e
    d     f  e
```

Man applicire dieses auf ähnliche Fälle.

§. 40.

Der zweyte Fall, worinnen eine unvorbereitete Dissonanz erscheinet, ist, wenn man gerade weg aus einem consonirenden Accord in einen dissonirenden gehet. Dieses aber geschicht nur hauptsächlich mit folgenden dissonirenden Sätzen, als:

1) mit dem kleinen Septimenaccord auf der Dominante in beyden Tonarten, z. E. mit g h d f in C dur, und e gis h d in A mol.
2) mit den davon abstammenden Sextquinten- Terzquarten- und Secundenaccorden.

3) mit

II Hauptstück. Viertes Capitel.

3) mit dem kleinen Septimenaccord auf der Septima Toni majoris, z. E. mit h d f a in C dur.
4) mit dem kleinen Septimenaccord auf der Secunda modi minoris, z. E. h d f a in A mol.
5) mit dem verminderten Septimenaccorde auf der großen Septima Toni minoris, als gis h d f in A mol, und den vermittelst der Umkehrung davon entstehenden Sätzen.
6) mit dem kleinen Nonenaccorde auf der Quinta Toni minoris bey liegendem Baße, z. E. e gis h d f auf e in A mol.
7) mit dem großen Nonenaccorde auf der Quinta Toni majoris bey liegendem Baße, z. E. g h d f a, auf g in C dur.

§. 41.

Ob diese Dissonanzen nun gleich unvorbereitet erscheinen können: so müssen sie doch gehörig aufgelöset werden. Der freye Anschlag entsteht indessen aus einer Setzfigur, die die Anticipation oder Vorausnahme einer durchgehenden Note heißet. So muß folgendes Exempel:

g	fis	f	e	
e	d	d	c	
cis	c	h	b	cet.
a	d	g	c	

auf folgende Art verstanden werden:

a	g	fis	g	f	e		
e		d	c	h	c	b	cet.
cis		a		g		g	
a		d		g		c	

und eben so in ähnlichen Fällen.

§. 42.

Ich muß bey dieser Gelegenheit einer Septime gedenken, die die Erlaubniß hat ohne Auflösung durchzugehen. Der Anfänger braucht solche nur dreystimmig zu nehmen, als:

c	c	e	c
e	f	g	a
c	d	e	f

44 II Hauptstück. Fünftes Capitel.

Ein Geübterer kann die Quarte dazu greiffen, als:

```
        c c c   a
        g g g   f
        e f e   c
        c d c   f
```

oder die Quinte, als:

```
        c c c   a
        e f g   f
        c a g   c
        c d c   f   fig. 11.
```

Fünftes Capitel.
Vom Sitze gewisser Accorde.

§. 43.

Nach dem Accorde des Haupttons, der entweder dur oder mol ist, ist der Septimenaccord auf der Dominante, das ist, auf der Quinta Toni, der vornehmste Accord. Er besteht in beyden Tonarten aus der großen Terz, reinen Quinte und kleinen Septime, z. E. g h d f in C dur, und e gis h d in A mol. Der von ihm abstammende Sextquintenaccord, zum Exempel h d f g, wird vorzüglich der Accord der falschen Quinte, und der von ihm abstammende Secundensatz, z. E. f g h d, der Accord der übermäßigen Quarte genennet. Der Accord der falschen Quinte hat seinen Sitz auf der Septima Toni, und der von der übermäßigen Quarte auf der Quarta Toni.

§. 44.

Anstatt des Accords der falschen Quinte wird auf der Septima Toni majoris, ein aus dem weichen verminderten Dreyklange und einer kleinen Septime bestehender Septimenaccord, z. E. h d f a, auf h in C dur, öfters gebraucht. Auf der großen Septima Toni minoris hingegen bedient man sich zu eben diesem Behuf des verminderten Septimenaccords, z. E. gis h d f auf gis in A mol. Der davon abstammende übermäßige Secundenaccord, f gis h d, der nirgends als auf der Sexte einer weichen Tonart Platz hat, ist besonders merkwürdig.

§. 45.

II Hauptstück. Sechstes Capitel.

§. 45.

Es hätte gleich zum Anfange sollen gesagt werden, daß der weiche verminderte Dreyklang auf der Septima Toni majoris, und auf der Secunde, und der großen Sexte und großen Septime Toni minoris zu Hause ist.

§. 46.

Der Accord der übermäßigen Sexte hat seinen Sitz auf der kleinen Sexte Toni minoris.

§. 47.

Der aus der Quinte, Septime, None und Undecime (vulgo Quarte) bestehende Undecimenaccord, z. E. c g h d f, oder a e gis h d, gehört auf Primam Toni in beyden Tonarten.

§. 48.

Der aus der Septime, None, Undecime, und Terzdecime, (vulgo Sexte) bestehende Terzdecimenaccord, z. E. a gis h d f, gehört auf Primam Toni minoris.

Sechstes Capitel.
Von der Ausweichung aus einem Ton in den andern, oder der Modulation.

§. 49.

Jedes Stück ist in einem gewissen Ton, und in einer gewissen Tonart componirt, womit man anfängt, und schließt.

§. 50.

Wenn man in dem festgesetzten Ton und Modo angefangen, und einige Zeit darinnen verweilet hat: so erfordern die Gesetze der Mannigfaltigkeit, daß man den Ton verändert. Diese Veränderung des Tons kann in jeder Tonart auf fünferley Art geschehen.

§. 51.

Ist der Haupton dur, zum Exempel C dur, so kann man ausweichen
1) in Quintam Toni, allhier g dur.
2) in Quartam Toni, allhier f dur.
3) in

II Hauptstück. Sechstes Capitel.

3) in Sextam Toni, allhier a moll.
4) in Tertiam Toni, allhier e moll.
5) in Secundam Toni, allhier d moll.

Die Beschaffenheit der Tonart wird von der Beschaffenheit der Töne der Septen entschieden. So kann man z. E. aus C dur nicht in d dur ausweichen, weil d dur ein fis erfordert; in der Tonleiter c d e f g a h c aber kein fis enthalten ist. Die weitere Application auf die übrigen Tonarten, in welche man ausweichen kann, ist leicht zu machen. Was übrigens von C dur gilt, das gilt mit gehöriger Anwendung von G dur, D dur, u. s. w. kurz von allen zwölf harten Tönen.

§. 52.

Ist der Hauptton mol, z. E. A mol, so kann man ausweichen

1) in Quintam Toni, allhier e mol.
2) in Quartam Toni, allhier d mol.
3) in Tertiam Toni, allhier c dur.
4) in Sextam Toni, allhier f dur.
5) in Septimam Toni, allhier g dur.

Man sieht, daß C dur und A mol einerley Ausweichungen haben; und eben so ist es mit G dur und E mol; imgleichen mit F dur und D mol u. s. w. bewandt.

§. 53.

Um aus einem Tone in den andern zu gehen, thut man am besten, wenn man den kleinen Septimenaccord desjenigen Tons, in welchen man gehen will, oder einen durch die Umkehrung davon abstammenden Satz voranschicket.

Erstes Exempel
aus C dur in G dur zu gehen.

c	c	c	h	c	c	a	h	c	c	h	
g	g	a	g	g	g	fis	g	g	fis	g	fig. 12.
e	e	d	d	e	e	d	d	e	d	d	
c	e	f	g	c	c	c	h	a	d	g	

Bis zum sechsten Griff ist die Modulation in C dur, von wannen sie sich vermittelst des übermäßigen Quartenaccords c d fis a, der von dem kleinen Septi=

II Hauptſtück. Sechſtes Capitel.

Septimenaccorde d fis a c abſtammet, in den Ton G dur ſenket. Man verſetze dieſes Exempel in G dur, um aus ſelbigem in D dur zu gehen, als

h	h	a	a	h	h	cis	d	d	cis	d
g	g	g	fis	g	g	a	a	g	g	fis
d	d	e	d	d	d	e	fis	g	e	d
g	h	e	d	g	g	fis		e	a	d

Man verſetze es ferner in F dur, um in C dur auszuweichen, und ſo weiter in alle übrige harte Töne.

Zweytes Exempel
aus A mol ins E mol auszuweichen.

e	e	f	e	e	e	dis	e	e	dis	e
c	c	h	h	c	c	h	h	c	h	h
a	a	a	gis	a	a	fis	g	a	fis	g
a	c	d	e	a	a	g		fis	h	e

Die Harmonie bleibt allhier ebenfals bis zum ſechſten Griff in A mol, und von dannen geht ſie vermittelſt des übermäßigen Quartenaccords a fis h dis ins E mol. Man transponire dieſes Exempel in alle zwölf weiche Töne.

Drittes Exempel
aus C dur ins A mol zu gehen.

e		f	f	e	e		d	d	c	
c		d	d	d	c		c	h	a	
g		a	g	g	g		a	e	e	fig. 13.
c		c	h	c	e		fis	gis	a	

Bis zum fünften Griffe iſt die Modulation in C dur. Bey dem ſechſten ſcheinet ſie, vermittelſt des falſchen Quintenaccords fis a c d, die Tonart G dur im Vorbeygehen zu berühren, ob dieſer Accord gleich ebenfals in A mol möglich iſt. Bey dem ſiebenten Griff entſcheidet ſich endlich ſelbige aufs deutlichſte für A mol, durch den Accord gis e h d.

Viertes Exempel
aus A mol ins C dur zu gehen.

e	d	c	c	f	f	e	
a	h	h	a	c	d	c	
a	f	e	e	a	g	g	fig. 14.
a	a	gis	a	a	h	e	

Bis

48　II Hauptſtück. Sechſtes Capitel.

Bis zum ſechſten Griffe iſt die Harmonie annoch in A mol. Dieſer ſechſte Griff aber dient dazu, um den Weg nach C dur zu bahnen, indem vermittelſt deſſelben der ſiebente Griff vorbereitet, und dadurch in dieſen Ton ausgewichen wird.

Ich erinnere es allhier zum letztenmahle, daß ein fleißiger Scholar alle dieſe und folgenden Exempel in alle übrige Töne transponiren muß, wenn er Nutzen davon haben will.

Fünftes Exempel
aus C dur ins F dur zu gehen.

c	a	g	g	c	b	b	a
g	f	f	e	g	f	g	f
e	d	d	c	e	d	c	c
c	c	h	c	c	d	e	f

Man erkennet es ſofort aus dem ſechſten Griffe, daß ſich die Modulation verändert. Aber der ſiebente entſcheidet es erſt, daß ſie nach F dur hingeht.

Sechstes Exempel
aus A mol ins D mol zu gehen.

e	d	h	c	cis	d	e	f
a	h	gis	a	a	a	cis	d
e	f	e	e	e	f	g	a
a	d	e	a	ag	f	e	d

Der fünfte Griff iſt derjenige, vermittelſt weſſen die Modulation nach D mol hingeführet wird.

Siebentes Exempel
aus C dur ins E mol zu gehen.

e	d	d	e	e	e	dis	e
c	c	h	c	h	c	h	h
g	a	g	g	g	fis	fis	g
c	fd	gg	c	g	a fis	hh	e

fig. 15.

Bey dem fünften Griff wird vermittelſt des Sexteniaccords g h e, in welchen der Dreyklang e g h umgeformt iſt, angezeigt, in was für einen Ton man gehen will, und die Folge beſtätigt die Modulation nach E mol.

Achtes

II Hauptstück. Sechstes Capitel

Achtes Exempel
aus A mol ins F dur zu gehen.

e	d	d	c	c	h	h	c	c	b	b	a	a	g	g	#
a	h	h	a	a	a	gis	a	a	a	g	g	f	f	f	f
e	f	e	e	e	f	e	e	e	f	c	c	c	d	c	c
a	a	gis	a	c	d	e	a	c	d	e	f	a	b	c	f

Bey dem zehnten Griffe zeiget sich das erste Merkmahl, daß die Modulation verändert werden soll, und die Folge giebt es, daß sie sich nach F dur hinwendet.

Neuntes Exempel
aus C dur ins D mol zu gehen.

e	d	d	e	d	d	cis	d
c	c	h	c	c	b	a	a
g	a	g	g	a	e	e	f
c	f	d	g.g	o	f	g	e	a	d

Nach dem Einschnitt auf dem vierten Griffe, erscheinet der Sertenaccord von der Mediante, oder der Terz des Moltons d, wohin sich vermittelst der folgenden Sätze die Modulation lenket.

Zehntes Exempel
aus A mol ins G dur zu gehen.

e	c	c	h	h	c	c	h	h	a	a	h
h	h	a	a	gis	a	a	a	g	g	fis	g
e	e	e	f	e	e	d	d	d	e	d	d
gis	a	c	d	e	a	fis	g	h	c	d	g

fig. 16.

Die Ausweichung ins G dur kündigt sich bey dem siebenten Griffe, durch den falschen Quintenaccord fis d a c an.

§. 54.

Alle Cadenzen oder Schlußfälle sind entweder vollkommen, unvollkommen, oder unterbrochen.

§. 55.

Die vollkommene Cadenz geschicht in Absicht auf den Baß, aus der Quinte oder der Dominante in den Haupton, z. E.

e | d

50   II Hauptstück. Sechstes Capitel.

```
c | d d c      c | c h a       c | c h  c
c | c h   g    g | g g g       c | g   f
g | a g f e oder g | d d e oder g | e d c
e | f g   c    e | g g c       e | g g  f
```

§. 56.

Die unvollkommene Cadenz geschicht in Absicht auf den Baß, entweder aus dem Hauptton, oder der Quarte in die Dominante, z. E.

```
c | h      c | c a   h
g | g oder g | g a   g
e | d      e | e d   d
c | g      c | e f (fis) g
```

ingleichen aus der Sexte in die Dominante, in einer Moltonart, als;

```
c | c d c           gis | a a gis
h | a a h           e   | e dis e
gis| a a gis oder   h   | a a h
e  | f f e          e   | f f e
```

§. 57.

Eine unterbrochene Cadenz ist, wenn alle Anstalt zu einer vollkommnen Cadenz gemacht, und in dem Punct, da der Hauptton kommen sollte, die Harmonie in einen andern Satz gelenket wird, z. E.

NB.
```
c | c h cis d
g | g g a   a
e | e d c   f  cet.
c | g g g   f
```

ingleichen
NB.   NB.
```
c | c h c              c | c h a  c
g | g g   f            g | g g g  f
e | d d e   cet. oder  e | d d d  d  cet.
c | g g a              c | g g d
```

II Hauptstück. Siebentes Capitel.

Siebentes Capitel.
Vom getheilten Accompagnement.
§. 57.

Wenn der harmonische Dreyklang mit der Octave verdoppelt wird: so kann solcher auf sechserley Art gegen den Baß versetzet werden, als:

```
8 c     3 e     5 g
5 g     8 c     3 e
3 e     5 g     8 c
  c       c       c
```

Diese drey erstern Versetzungen werden die engern Versetzungen genennet, und auf selbigen beruht das gewöhnliche vierstimmige Clavieraccompagnement, da man mit der linken Hand den Baßton, und die drey andern Stimmen mit der rechten Hand nimmt. Nach diesen drey engern Versetzungen sind folgende drey weitere oder zerstreute Versetzungen zu merken, als:

```
3 e     5 g     8 c
5 g     8 c     3 e
8 c     3 e     5 g
  c       c       c
```

Aus diesen Zerstreuungen der Harmonie entspringt das getheilte Accompagnement.

§. 58.

So wie die Dreyklänge sowohl der engern als weitern Versetzung fähig sind: so sind es auch die daher entstehenden Sexten- und Sextquartenaccorde, als:

```
6 c     8 e     3 g   |   8 c     3 g     6 c
3 g     6 c     8 e   |   3 g     6 c     8 e
8 e     3 g     6 c   |   6 c     8 e     3 g
  e       e       e   |     e       e       e
```

und

```
4 c     6 e     8 g   |   6 e     8 g     4 c
8 g     4 c     6 e   |   8 g     4 c     6 e
6 e     8 g     4 c   |   4 c     6 e     8 g
  g       g       g   |     g       g       g
```

52   II Hauptstück. Siebentes Capitel.

§. 59.

Jeder Septimenaccord kann, nebst dem davon abstammenden Sext-
quinten= Terzquarten= und Secundenaccord ebenfals sechsmahl gegen
den Baß versetzet werden. Ich gebe nur ein Exempel vom Septimenaccord, als:

7	c	3	fis	5	a	5	a	7	c	3	fis
5	a	7	c	3	fis	7	c	3	fis	5	a
3	fis	5	a	7	c	3	fis	5	a	7	c
	d		d		d		d		d		d

und so weiter.

§. 60.

Um den Unterschied zwischen dem gemeinen und getheilten Clavieraccompagnement desto begreiflicher zu machen, will ich erst ein kurzes Exempel
von dem erstern hersetzen, und hernach daßelbe in das letztere umformen.

Exempel vom gemeinen Clavieraccompagnement.

c	d	d	e	h	h	c
e	c	h	c	a	gis	a
g	a	g	g	f	e	e
c	fd	gg	c	dh	ee	a

Ebendaßelbe im getheilten Accompagnement.

c	c	h	c	h	h	c
e	d	d	e	f	e	e
g	a	g	g	a	gis	a
	fd	gg	c	dh	ee	a

fig. 17.

E N D E.

TABVLA I.

TABVLA II.

TABVLA III.